Ⓢ新潮新書

中村清次
NAKAMURA Seiji

シルクロード

流沙に消えた西域三十六か国

905

新潮社

シルクロード　流沙に消えた西域三十六か国　目次

序章　遥かなるシルクロード　12
第一章　「楼蘭の美女」は、どこから来たのか　39
第二章　「さまよえる湖」が、もうさまよわない理由　51
第三章　「タクラマカン」は謎の巨大王国なのか？　61
第四章　絹と玉の都、ホータン王国の幻の城　74
第五章　建国の夢が滅びの始まり——ソグド人の悲劇　87
第六章　奪われた王女——亀茲王、烏孫王女を帰さずに妻とする　104

第七章　玉を運んで四千キロ――謎の民族・月氏の正体　126
第八章　楼蘭・鄯善王国の消えた財宝――天下一の大金持ち王の末路　138
第九章　仮面をつけた巨人のミイラの謎　148
第十章　幻の王族画家が描いた「西域のモナ・リザ」　158
終章　シルクロードはなぜ閉じられたのか――捨てられた敦煌　172
おわりに　187

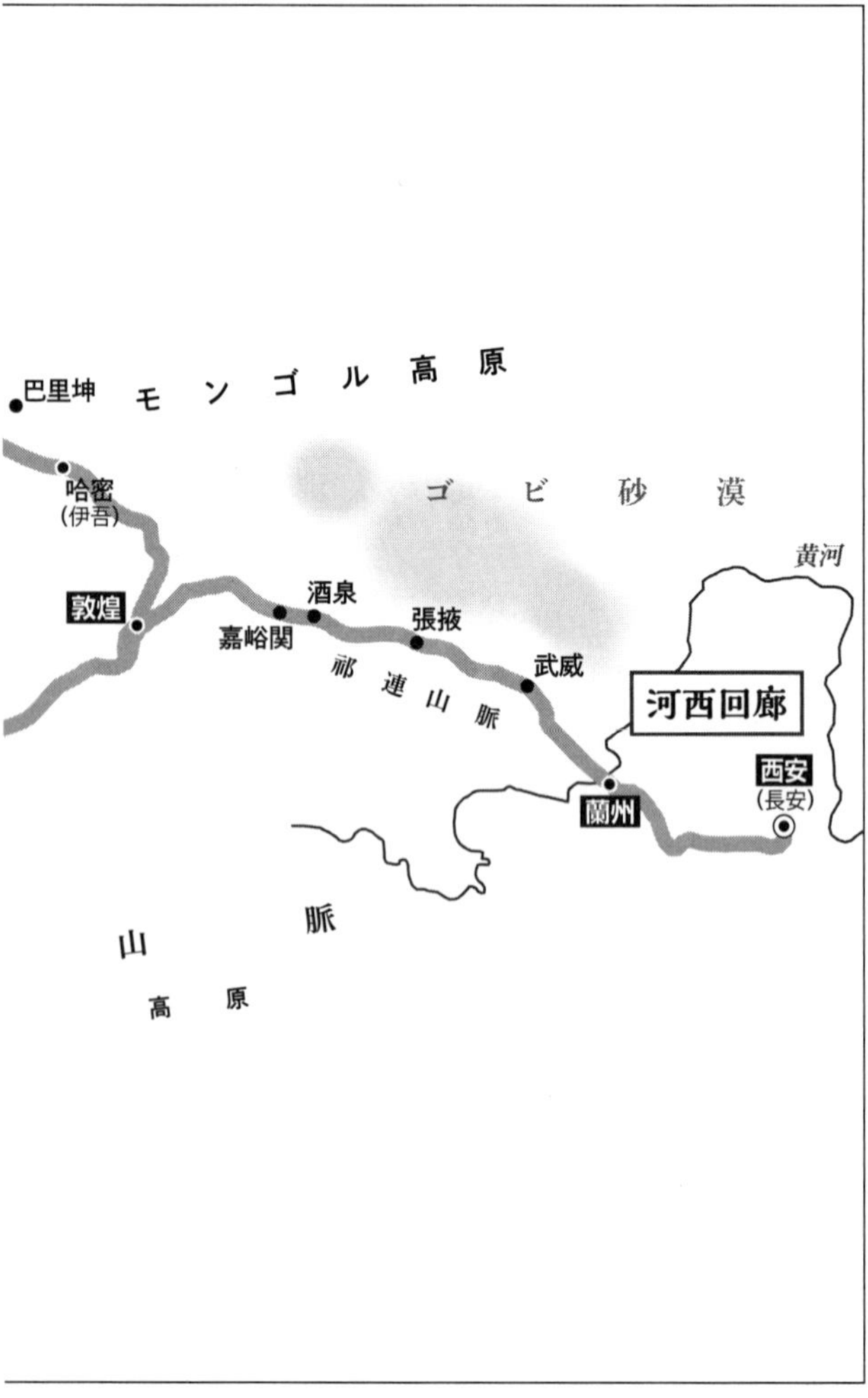

巴里坤
モンゴル高原
ゴビ砂漠
黄河
哈密
(伊吾)
敦煌
酒泉
嘉峪関
張掖
武威
祁連山脈
河西回廊
西安
(長安)
蘭州
山脈
高原

天山北路
ウルムチ
伊寧
火焔山
天山山脈
トルファン
トルファン盆地
天山南路
(西域北道)
クチャ
コルラ
ロプ・ノール
営盤
楼蘭
(鄯善)
カシュガル
(疏勒)
タリム盆地
チャルクリク
ミーラン
タクラマカン砂漠
ヤルカンド
(莎車)
チェルチェン
(且末)
西域南道
于田
ホータン
(和田)
ニヤ
(精絶)
カラコルム山脈
崑崙
チベット

【シルクロード年表】

BC五〇〇〇頃	インド・ヨーロッパ人の祖先が黒海沿岸・小アジア地域へ
一八〇〇頃	楼蘭に白人系住民が居住（「楼蘭の美女」ミイラ）
三〇〇頃	匈奴勃興
二一五頃	秦が匈奴を討伐
二一四	秦の始皇帝が万里の長城を築く
二〇九	匈奴がオルドス奪還。強大な国となる
一七六	匈奴に攻められた月氏が西へ移動
一四〇頃	大月氏国が興る
一三九	漢の武帝が張騫を月氏へ派遣
一二六	張騫が長安に戻り、西域事情を武帝に報告
一一四	張騫の送った使者が、西域諸国の人々と共に漢へ帰国
一〇四～二	武帝、天馬獲得のために李広利を大宛国へ派遣

【中　国】

BC一六〇〇頃	殷
一〇五〇頃	周
七七〇	春秋戦国時代
二二一	秦・天下統一
二〇二	漢・天下統一

六〇	漢が西域都護を置く
AD四八頃	匈奴が南北に分裂
九四	西域が後漢に服属
三六六	敦煌で石窟寺院の造営が始まる
四〇一	鳩摩羅什が長安に入り経を訳す
五五二	突厥が柔然を破る
五六三〜七	突厥がソグディアナに進出
五八三	突厥が東西分裂
六二九	吐蕃（チベット統一王国）成立
六四五	玄奘三蔵、帰国
七八一	吐蕃が敦煌を攻略
一二二〇	モンゴル軍がサマルカンドを攻略

八	新
AD二五	後漢
二二〇	三国時代
二六五	晋
三〇四	五胡十六国時代
四二〇	南北朝時代
五八一	隋
六一八	唐
九〇七	五代十国時代
九六〇	宋
一二七一	元

【シルクロード年表】

一二七四頃	マルコ・ポーロがフビライに謁見
一三七〇	ティムールが西トルキスタンを統一
一三七二	明が嘉峪関を設置
一四〇五〜三三	明の鄭和の指揮で七度にわたる大航海が行われる
一四五三	オスマン帝国が東ローマ帝国を滅ぼす
十五世紀頃	海のシルクロードが繁栄
一七二〇	清が東トルキスタンを制圧
一八七七	リヒトホーフェン（独）により、「シルクロード」の呼称が初めて使われる
十九世紀末	プルジェワルスキー（露）が二つの湖、カラ・ブランとカラ・コシュンを発見
一九〇〇	ヘディン（スウェーデン）が、楼蘭の遺跡とロプ・ノールの湖底を発見

【中　国】

一三六八	明
一六四四	清

一九〇二〜四	日本の大谷探検隊第一次探検
一九〇五	ヘディンが「ロプ・ノールはさまよえる湖である」と発表
一九三四	ヘディンが、水の戻ったロプ・ノールと、「ロプの王女」のミイラを発見
一九三五	外国人の中国側シルクロードへの立入りが禁止となる
一九七九	日中共同制作「NHK特集　シルクロード」取材班の、NHK（日本）側クルーがシルクロードへ入る

一九一二	中華民国
一九四九	中華人民共和国

序章　遥かなるシルクロード

地上最後の秘境

まずは六～七頁の地図をご覧ください。広大な中国の西端に、かつての「西域《さいいき》」、現在の新疆《しんきょう》ウイグル自治区があります。その自治区の東端に、シルクロード史上、極めて重要な湖、ロプ・ノール（モンゴル語で「ロプの湖」）があります。

十九世紀の半ば頃から、ロシア、スウェーデン、イギリス、フランス、日本と、それぞれ目的は様々でしたが、各国が中央アジアへ探検隊を送り出し、現地の情報を集め、貴重な文化財を獲得していきました。「中央アジア探検家時代」の始まりでした。

そうした中、二十世紀の初め、スウェーデンの探検家スウェン・ヘディン（一八六五～一九五二年）が、ロプ・ノールは千六百年を周期に、砂漠の中を北から南へ、南から北へと移動する「さまよえる湖」なのだと発表しました。その上で、今、湖に水はないが、もうすぐ水は戻ってくると予言したのです。そして一九三四年、ヘディンは、水の戻った湖にカヌーで漕ぎ出し、「私の予言は的中した」と、世に発表しました。

　この摩訶不思議なロプ・ノール＝さまよえる湖説は、今に至るまで、世界中のシルクロード・ファンの心を捉えて離さない物語の一つです。

　そのロプ・ノールについて、私たち「NHK特集　シルクロード」（一九八〇年放送）取材班は、取材の過程で、ある事実を知り驚愕しました。

　当時、日本にある殆《ほと》んどの世界地図に記されたロプ・ノールは、いずれも、実線で明確に形取られ、その湖面はあたかも満々と水を湛えているかのように、青々と彩られていました。恐らく、一九三四年の探検家スウェン・ヘディンの「湖に水は戻った。予言は的中した」との発言以来、地図製作者たちは、あと数百年は、湖水がここに止《とど》まると確信したのでしょう。

　しかし、ヘディンの発表から四十五年後の一九七九年、取材を重ねていく中で私たちは、動かしがたい確かな証拠により、湖面の何処《どこ》にも水がない事実を突き付けられたのです。当時、地球表面の二十五センチ×二十五センチまでの明確な撮影を可能にした、アメリカ航空宇宙局（NASA）の地球観測衛星ランドサットに衛星写真を依頼したのですが、その結果、間違いなく当時のロプ・ノールにはどこにも水がないことがわかったのです。私たちは唯《ただ》ただ、驚愕するばかりでした。

中国内シルクロードは地上に残された最後の秘境だ――私は、その時、初めてそう実感しました。

実は、ヘディンの「予言的中」発言の翌年、一九三五年、時の中国政府は、文物の海外流出を防ぐため、という理由で外国人への門戸を閉じてしまいました。ヘディンも、英国の探検家であるオーレル・スタイン（一八六二～一九四三年）も、以降、中国への入国を拒否されました。これによって、十九世紀の半ば頃から始まった、中央アジア探検家時代は幕を閉じたのです。以来、年を重ねるごとに、中国内シルクロードは、地上最後の秘境としての度合いを、深めていきました。

「ＮＨＫ特集　シルクロード」の番組制作のため、私たちは一九七九年から取材を始めました。番組は日中共同制作で、ＮＨＫと、中国中央電視台（放送局、ＣＣＴＶ）との共同取材班でしたが、訪れた地では、日本チームは何処へ行っても四十四年振り、或いは四十五年振りの外国人と呼ばれました。街に出ればあっという間に、百人、二百人の人垣に囲まれたほどです。ラクダ、ロバ、荷馬車を巻き込んだ大渋滞が出現するほどでした。なかには、七十七年振りの外国人と呼ばれたオアシス都市もあり、七十七年前の外国人を確かめると、一九〇二年の大谷《おおたに》探検隊（一九〇二～一九一四年にかけて、浄土真宗本願寺派の大谷光瑞《こうずい》法主が派遣した、日本の中央アジア探検隊）ということもありました。

「NHK特集　シルクロード」がもたらしたもの

二〇〇一年に発行された、NHK放送文化研究所が編集した書に、『20世紀放送史』という大部のドキュメントがあります。そこでは「NHK特集　シルクロード」について、次のように詳述しています。

「NHK特集　シルクロード」シリーズは、日本中に、シルクロード・ブームを巻き起した。視聴率は計十二本、いずれもほぼ二〇％を越え、放送は日本だけでなく、ヨーロッパ、アメリカ、アジアを含め、計三十八か国で放送された。

番組がヒットした理由は二つある。

一つは、「地上最後の秘境」といわれた「中国内シルクロード」の全貌を収め、その魅力の全容を伝えたこと。

もう一つは、日本文化の源流である「西域」を尋ね、そのルーツを探すことを、〝隠しテーマ〟としたこと。

（『20世紀放送史』要約）


中国内シルクロードは、かつて「西域三十六か国」と呼ばれたエリアですが、それまで四十数年にわたり、外国人への門戸が閉ざされていた地ですから、まさに撮影するもの全てが〝特ダネ〟でした。

もう一つ、忘れてはならないのは、番組放送を契機に中国で始まった、シルクロード分野における研究の飛躍的な発展です。

従来の中国における研究は、「正史」と呼ばれる、中国歴史書を中心とした文献学でした。これに、考古学、言語学、人類学、仏教美術史、宗教学、更には考古学調査に必要な自然科学の分野も加わり、各学術分野を総合したシルクロード研究が始まった、そのきっかけが、「ＮＨＫ特集　シルクロード」だったといいます。

二〇〇五年放送の「ＮＨＫスペシャル　新シルクロード」の、中国側学術顧問であった北京大学教授・林梅村氏は、シルクロードの研究にグローバルな視点を与えたことで知られていますが、その著書の中でこう伝えています。

恐らく【シルクロードは】世界で最も研究者の少ない分野だった。それが、このわずか十年の間に、世界の人文科学の一翼を担うほどの学問分野にまで発展するとは、思ってもみないことであった。

（『シルクロードと中国古代文明　流沙の記憶をさぐる』林梅村著、杉山正明監修、川上陽介・申英蘭訳、要約。【　】内の注は筆者。以下同）

このようなシルクロード研究の進歩・発展の中で、あの謎の湖、ロプ・ノールについても、どうやら、その正体が見えてきたようなのです（↓第二章）。

しかし、いくら研究が進んできたといっても、シルクロードの範囲は広大ですから、本書で取り上げるのは、東は黄河に臨む蘭州から、巨大な砂漠・タクラマカンを挟んで、西は世界の屋根といわれるパミール高原まで、かつて「西域三十六か国」と呼ばれた地域、現在の新疆ウイグル自治区とその周辺に限りたいと思います。

中原との交流の始まり

遥か遠い昔から、中国の西域には、日本の本州を呑み込む程の広大な砂漠があり、その周囲を囲むように巨大な山塊が横たわっていました。

その山麓と砂漠の間に点々と出現するオアシス地帯に、三十六の王国がそれぞれ都を築き、覇を競っていました。この西域三十六か国と、中国・中原の勢力として初めて正式に交渉を持ったのが、前漢王朝の第七代皇帝・武帝（諡《し》号《ごう》は孝武帝、在位前一四一～前八七年）でした。今からおよそ二千年前に編纂された、中国の正史『漢書』「西域伝」の冒頭には、こうあります。

西域は孝武帝【武帝】の時、初めてこれと交通し、もと三十六か国あったが、その後次第に分かれて五十余か国となり、いずれも匈奴《きょうど》の西、烏孫《うそん》の南に所在した。その南北に大山脈【南は崑崙《こんろん》山脈と阿爾金《アルチン》山脈、北は天山《てんざん》山脈】があり、中央には河【タリム河】があって、東西六千余里、南北千余里【当時の一里はおよそ五百メートル前後】にわたっていた。東は漢に接しているが、玉門関《ぎょくもんかん》と陽関《ようかん》【玉門関は敦煌《とんこう》の西北百キロ。陽関はその南六十キロ。いずれも漢王朝最西端の要塞】とで塞がれ、西は葱嶺《そうれい》【パミール高原】で限られていた。

（小竹武夫訳、要約）

紀元前一四一年、十六歳で即位した武帝は、北方のモンゴル高原を拠点とする騎馬民族国家・匈奴との戦いに、人生の殆どを費やしました。匈奴は中央アジアに存在した遊牧騎馬民族ですが、一時は東アジア最大規模となる国家を築くほどでした。前漢王朝の始祖・劉邦（高祖。在位前二〇二～前一九五年）も匈奴との戦いに敗れ、以後、匈奴には手出しをしないことと、貢物の上納という屈辱的な講和条件をのまされたのです。

しかし、武帝の時代になると、安定した国力を背景に前漢は再び匈奴と戦いを始め、それは全面戦争そのものの様相をみせるようになりました。武帝が即位して三十年後、ようやく前漢は、河西回廊《かせいかいろう》と呼ばれる極めて重要な交易路を匈奴から奪い取ったのです。

この河西回廊は、黄河の西に延びたおよそ千二百キロの、回廊のような道という意味です。道の南側には東西千二百キロ、山頂は万年雪で覆われた祁連《きれん》山脈が横たわっています。この山脈と、北に広がるゴビ砂漠とに挟まれたこの道は、東西交易にとっては極めて重要な道でした。中国・中原から西域に行くにも、西域から中国に入るにも、この回廊を通らざるを得ないからです。匈奴が強大化した背景の一つに、彼らがこの河西回廊を支配し、東西交易による利益を独占していたことがあげられます。

紀元前一一一年、この河西回廊を匈奴から奪った武帝は、黄河の西から敦煌までの千二百キロの間に、四つの軍事拠点、河西四郡を設けました。東から、武威《ぶい》、張掖《ちょうえき》、酒泉《しゅせん》、そして最西端の敦煌です。さらに敦煌の西北百キロ地点に、要塞の玉門関、その南六十キロの地点に陽関を設けました。その上で、北方騎馬民族の侵攻に備えて、黄河から河西回廊に沿って二つの要塞まで続く、長い長い万里の長城を築いたのです。

こうして整えられた道は、いわば官制道でしたが、それまでに比べて安全が格段に確保されたこともあって、交易は盛んになりました。司馬遷の『史記』「大宛《だいえん》列伝」には、西方に行く使者は多い時は数百人、少ない時でも百人余りが一組となって西へ赴いた、使節団は年間十余り、少ない時でも五〜六団が派遣されたと記されています。

とはいえ、現代のような楽しい安全な旅だったわけでは無論ありません。唐（六一八〜九〇七年）代の詩人・王維《おうい》（七〇一〜七六一年）は「西のかた陽関を出ずれば、故人なからん」と、やるかたのない別れの寂寥感をいっぱいに漂わせ、友もおらず、見知ら

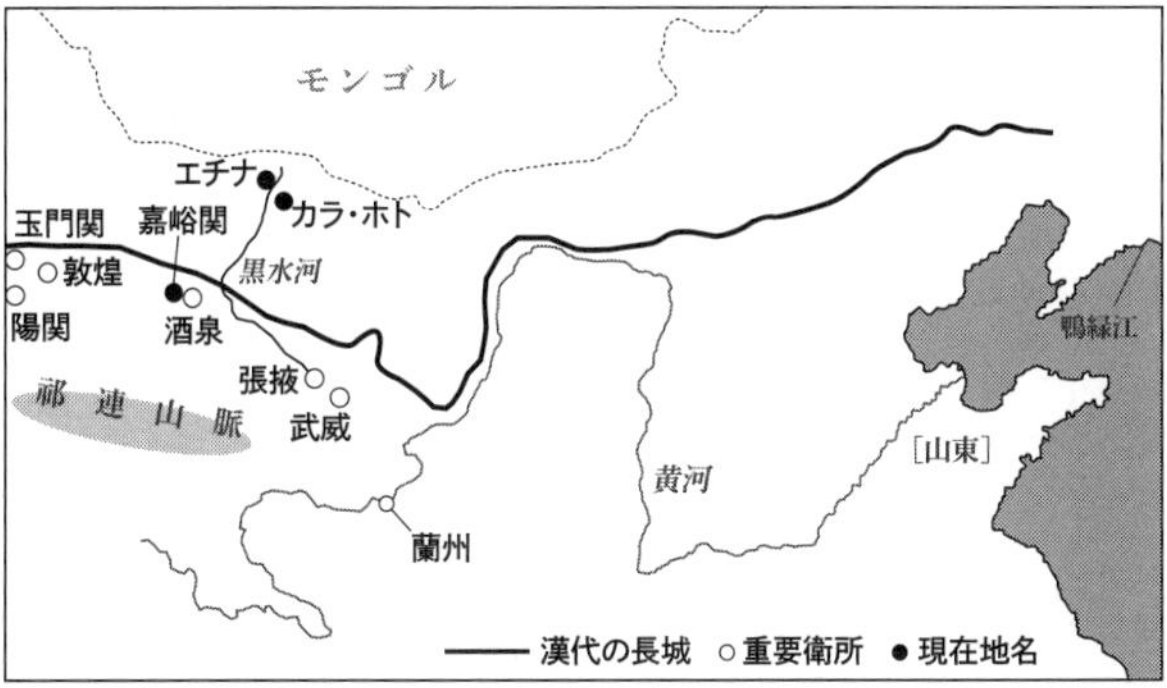

ぬ「紫髯緑眼《しぜんりょくがん》」の人々しかいない異国への旅立ちを詠っています。西域の道は、長安の都人《みやこびと》からすると、寂しくも嶮《けわ》しいものでありました。

三つの道

「西域伝」は、玉門関と陽関、二つの関所から先、西方に行くには二つの道があると記しています。

玉門関・陽関から西域に出るには両道がある。鄯善《ぜんぜん》【旧・楼蘭《ろうらん》】から南山の諸山の北に沿い、河【チェルチェン河？】に沿って西行して莎車《さしゃ》【現・ヤルカンド】に至るのが南道であり、南道は西のかた葱嶺を越えれば大月氏《だいげっし》【クシャーン王朝】、安息国《あんそく》【古代イランのパルティア王朝】に出る。車師《しゃし》前王の宮廷【現・トルファン】より北山に沿い、河に沿って西行して疏勒《そろく》【現・カシュガル】に至るのが北道であり、北道は西のかた葱嶺を越えれば大宛【汗血馬《かんけつば》の産地。現・フェルガナ地方】・康居《こうきょ》【現・サマルカンド国】・奄蔡《えんさい》【現在地不明・『後漢書』はアラル海の北にあった遊牧国家と記す】に出る。

（同書、要約）

この南道こと「西域南道」が、最も早くから栄えた、古代における東西を結ぶ道でした。その繁栄期は紀元前一世紀から三世紀頃だったといいます。

もう一つの北道は、南道が流沙に埋もれた三、四世紀頃から繁栄を迎えました。この北道は、敦煌から天山北麓に沿って西へ向かう「天山北路」が開発されると、「天山南路」とも呼ばれるようになります。

三本目となる「天山北路」の成立の背景には、後漢王朝（二五～二二〇年）で、比較的、西域経営に熱心だった第二代皇帝・明帝（在位五七～七五年）による北匈奴討伐がありました。

七三年、匈奴は内部抗争により、南匈奴と北匈奴に分裂しており、弱体化していました。この状況を見逃さなかった明帝は、北匈奴討伐軍を出陣させたのです。討伐軍は北匈奴を破り、その支配地だった伊吾《いご》（後の哈密《はみ》）を占領しました。

天山北路はこの時初めて開かれたのです。そのルートは、まず敦煌を出て、まっすぐに北の伊吾へ向かい、次に天山東麓のバリコン湖に臨む巴里坤《ばりこん》を抜け、ウルムチ、イリ、砕葉《さいよう》（現キルギス・トクマク附近）を経て、天山北麓の草原の道をひたすら西へ向かうものでした。

隋（五八一〜六一八年）の時代、裴矩《はいく》（五五七〜六二七年）の著した『西域図記《さいいきずき》』には、

「哈密を出でて、北道【天山北路】は、伊吾より蒲類海【バリコン湖】、鉄勒部《てつろく》【トルコ系民族】、突厥可汗《とっけつかかん》の庭を経、北流河水を渡り、拂菻国《ふつりん》に至り、西海に達す」

と記されています。

鉄勒部はトルコ系遊牧民のいたウルムチ付近、突厥可汗の庭はクチャ北方にある天山山中の王庭（イリ河上流のバインブルグ草原）、北流河水はイリ河やチュー河などを指し、拂菻国は東ローマ帝国（都はコンスタンチノープル・現イスタンブール）、そして西海は地中海のことです。

シルクロードは、後に海上のルートも発展したように、陸においても幾つもの道筋が

ありましたが、一般的に「シルクロード」といえば、古代より東西交流の幹線であった、先述の〝オアシス路〟とも呼ばれた、〝三本の道〟（現在、中国では三本まとめて天山回廊と呼んでいる）のことです。黄河から西へ順に、酒泉、敦煌、楼蘭、疏勒、サマルカンド、ブハラ、バクー、アンカラ、イスタンブール、そしてやや外れますがローマと、北緯四〇度ラインに並んでいます。日本では東北の秋田・青森の県境のあたり、中国では首都・北京のあたりです。

しかし、当然のことながら、絹の交易が始まる遥か遠い昔から、ユーラシア大陸には、東西を結ぶ多くの交流・交易の道がありました。運ばれた物の名からそれぞれ「彩陶土器の道」、「青銅器の道」、「鉄器の道」、「ラピスラズリの道」（産地はアフガニスタン、コクチャ川上流）などと呼ばれていますが、いずれも人類史上重要なテーマを持った伝播・交流の道です。

東西交流のそもそもの始まりは、現在ではあまり自然環境に恵まれていない北緯五十度ライン、草原の道（ステップ・ルート）からだったと言われています。担い手は遊牧騎馬民族でしたが、この草原の道についても、また他の道についても、残念ながら詳細はまだ判っておりません。

始まりと終わり、その範囲

「シルクロード」の名付け親は、ドイツの地理学者で探検家のフェルディナンド・フォン・リヒトホーフェン（一八三三～一九〇五年）です。彼は十九世紀後半、中国各地で何回も踏査を重ね、緻密なフィールドワークとその後の研究をもとに、一八七七年から『ヒーナ（チャイナ）』（本文五冊・地図二冊）を著しました。その第一巻において、「中国と西トルキスタン及び北西インドの絹貿易を媒介した中央アジアの街道」を初めて「絹の道」（独語「ザイデン・シュトラッセン」）、英語で「シルクロード」と命名したのです。その際にリヒトホーフェンは、次のように定義しました。

(1)　シルクロードの存在した期間

始まりは紀元前一一四年。終わりは後漢王朝の紀元後一二七年。

(2)　シルクロードの範囲

①中国と西域三十六か国の西域南路の王国と、西北インド（ガンダーラ並びに罽賓《けいひん》）との絹交易をとり結んだ交通路。

②中国と西域北道（天山南路）の王国と、西トルキスタン（アム・ダリア【河】とシル・ダリア【河】の流域）の国々との絹交易をとり結んだ交通路。

リヒトホーフェンが、紀元前一一四年を古代シルクロードの幕開けとしたのはなぜだったのでしょう。それは漢の武帝が張騫《ちょうけん》（?～前一一四年）を、遊牧騎馬王国・烏孫への使者として派遣したことから始まりました。

張騫はそれ以前にも、対匈奴同盟のために西方の月氏を訪れる際、行きも帰りも匈奴に捕まってしまい、何とか逃げ出して十三年をかけて漢に戻りました（↓第七章）。月氏との同盟は失敗しましたが、西域に通じた彼は、その知識を生かして様々に活躍し、後世〝シルクロードの開通者・開拓者〟と呼ばれるようになります。

彼の二度目の西域への旅、その目的地である烏孫王国は、天山山中からイリ河流域に遊牧していた騎馬民族国家で、人口六十三万人、兵十八万八千八百人と、西域随一の強国・匈奴でさえも一目置くほどの巨大王国でした。張騫の使者としての役割は、まず烏孫を河西の地に移住させ、その烏孫と漢王朝とで、匈奴を挟み撃ちにしようという、難しい交渉を成立させることでした。残念ながらこの交渉は失敗します。

しかし張騫にはもう一つの重要な使命があり、そのために多額の黄金と絹織物を携え、また、大勢の副使を随行させていました。彼らを西域の各国に派遣して、漢王朝との交易の約束を取り付けるためでした。

張騫は、烏孫から帰国した翌年、紀元前一一四年に亡くなりました。ところがその年、各地に使者として赴いた副使たちが続々と帰国しました。そのほとんどが、その国の人々を使者として伴っていたのです。こうして諸国は漢と交際を始めることになりました(『史記』「大宛列伝」、『漢書』「張騫伝」)。

こうした記述からリヒトホーフェンは、紀元前一一四年をもって、漢の絹織物・漢錦《あやにしき》が、西域のオアシス王国にもたらされたと考え、古代シルクロードの幕開けとしました。もちろん、それ以前から商人など、人々の行き来はありました。ただし、この時の東西交易の担い手は、商人でも地方豪族でもなく、漢王朝そのものでした。その意味ではリヒトホーフェンが指摘するように、まさに「官制シルクロード」が誕生したのです。

そしてリヒトホーフェンによって、古代シルクロードの終わりとされた西暦一二七年は、どのような年だったのでしょうか。

始まりの紀元前一一四年からこの年までの二百四十年の間に、中国・中原の王朝は二度、代替わりをしました。前漢王朝が「新《しん》」という王朝に代わり、その「新」も建国からわずか十五年後に滅び、二五年に「後漢王朝」が成立したのです。

この後漢王朝は、西域経営に関しては、前漢ほど熱心ではありませんでした。後漢と西域との関係は「三通三絶」と言われます。三回通好し、三回断絶した、の意味です。度重なる西域の反乱とその征伐を繰り返した挙句のことで、後漢王朝自体も幼帝が続き、宦官《かんがん》や外戚が跋扈《ばっこ》して国力が衰え、西域経営を事実上放棄したのでした。後漢王朝における最後の西域との断絶が一二七年。それ以後は、後漢王朝の正史である『後漢書』の「西域伝」には、西域に関する記載が全くと言っていいほどなくなり、西域の情報が途絶えました。リヒトホーフェンが古代シルクロードにおける交易終了とみなした所以《ゆえん》でした。

今ではリヒトホーフェンの規定した期間、範囲ともに狭いものだったと考えられています。

まずシルクロードの存在した期間ですが、官制ではない、交易の道そのものは紀元前一一四年以前から当然あったのは前述の通りですし、後漢以後も、西域経営に熱心な王朝が出てくれば交易は活発になりました。一般的には最盛期は唐代とされています。また唐代以降、たとえば十三世紀、『東方見聞録』で名高いマルコ・ポーロ（一二五四〜一三二四年）が旅したのもまたシルクロードでした。が、明の時代に、船を使った海のシルクロードが活発化するのに反比例して、陸のシルクロードは衰退していきます（↓終章）。十八世紀頃にはその役割を終え、地方と地方を結ぶ道として細々と存続していた、というような状況だったと思われるのです。

従って本書では、リヒトホーフェンが言うところの期間のシルクロードについては「古代シルクロード」と呼び分けたいと思います。

ローマの少女ミイラが着ていた漢錦

そして、リヒトホーフェンが考えていた古代シルクロードの範囲も、現代の私たちから見ると、思いのほか狭いものでした。

ここで、シルクロードの主役であったシルク、「漢錦」の特徴について、少し触れておきたいと思います。この織り方は、色をつけた長くて強い「経糸《たていと》」と、着色していない短い「緯糸《よこいと》」で織り成します。中心はあくまでも、色のついた、強くて長い「経糸」です。これが、「経錦《たてにしき》」と呼ばれる所以です。色のついた「経糸」の下を、着色のない「緯糸」がくぐると、表面には、「経糸」の色が残ります。逆に「経糸」の上に、「緯糸」をかぶせると、そこは地の色です。このように、色のついた「経糸」の色の出し・入れによって文様を描き出す織り方が「経錦」です。絹糸の長くて強いという特徴を生かした技法——いわば、絹でなければ不可能な、中国生まれの中国独特の技法だったのです。

リヒトホーフェンはおそらくこの「漢錦」の出土状況を確認して、中国との絹交易の有無を判断したのだと思われます。

漢錦の出土した代表的なオアシス都市をあげていくと、敦煌、楼蘭、精絶（ニヤ遺跡）、于闐《うてん》（現・ホータン）、車師（現・トルファン）、亀茲《きじ》（現・クチャ）、ペンジケント（現・タジキスタン）などでまさに、リヒトホーフェンの示した古代シルクロードの範囲にぴったりと収まります。

けれども、古代シルクロードは、遥か西のシリアにまで拡大すべきと主張するドイツの地理学者が現れました。アルベルト・ヘルマン（一八八六〜一九四五年）です。著書『シナとシリアの間の古代シルクロード』の中でそう主張し、シリアは中国の絹の最大の販路の一つであったと強調しました。

シリアにはパルミラという、古代ローマ帝国時代の代表的な隊商都市があります。そして実際にヘルマンがそう主張してからしばらくたった一九三三年、フランスの調査隊が、パルミラの墳墓遺跡から多くの漢錦を発見しました。古代シルクロードがパルミラまで繋がっていたことが、科学的に実証されたのです。パルミラから地中海はもう目と鼻の先ですから、漢錦はおそらく地中海世界にまで届いていたと思われました。が、肝心のローマからは、絹が一向に姿を現しませんでした。

それがやっと見つかったのは、一九九三年のことです。ローマ郊外のグロッタロッサから発見された、大理石で作られた石棺の中に、それはありました。石棺に納められていたのは八歳ほどの少女のミイラで、時代は二世紀頃のもの。石棺内は彼女の豊かな生活を示す、象牙の人形や、サファイアのネックレスなどの副葬品でいっぱいでした。

実は石棺自体は一九六四年に発見されており、考古学研究者によって従来の手法で調査されていたのですが、一九九三年に科学的手法を駆使する調査・研究にシフトしました。少女が身に着けていたと思われる、ボロボロになるほど朽ちて、繊維そのものにもどったような衣服の欠片《かけら》を光学顕微鏡で詳細に調べたところ、それが漢錦の繊維だったことが判ったのです。

それまで、漢錦が古代ローマにもたらされ、女性たちの心を捉え、垂涎の的となっていたという文献は残されていましたが、漢錦そのものはローマの何処からも見つかっていませんでした。古代シルクロードにおける漢錦の終着点がローマにあったことがようやく実証されたのです。

秘仏の傍らに眠っていた古代錦

そして日本でも、シルクロード研究において、大事な発見がありました。

奈良の法隆寺・夢殿《ゆめどの》で見つかった古代錦「四騎獅子狩文錦《もんきん》」です。世界の絹織物の傑作とさえいわれ、我が国の国宝に指定されています。発見されたのは、一八八四（明治一七）年、岡倉天心とフェノロサの二人によって、千二百年ぶりに夢殿の扉が開けられた際、秘仏とされていた救世観音の傍らにありました。七世紀初めの唐の時代、優れた匠の手で織られ、遣唐使によって奈良・法隆寺にもたらされたと考えられています。

直径四十三センチの、いかにも「ペルシア錦」風の「連珠文」が横に三つ並び、それが縦に五段繋がっていく構成で、縦二百五十センチ、横百三十四・五センチの、かなり大ぶりな「古代錦」です。並んだ連珠文の間隙には、それぞれパルメット（Ｐａｌｍ＝ヤシの文様）風の唐草文様と、アカンサス（葉アザミ）風の文様が、上下左右に対称的に織り込まれ、きわめて精緻な構成ですが、なんともエキゾチックな雰囲気です。一見、中国製の漢錦とは全く異質で、有翼の天馬（ペガサス）も描かれています。

このペガサスにはペルシアの騎士がまたがっており、天馬の脚にはリボンが結ばれていますが、ペルシアではそうした馬飾りは王侯貴族しか使えませんでした。王侯貴族であろうその騎士は、襲いかかる獅子に対して、振り向きざまに矢を放とうとしています。

中央アジアから西域、長安や敦煌の壁画や、我が国では正倉院の宝物などにも見られるパルティアン・ショットと呼ばれる図柄です。それは紀元前三世紀から紀元後三世紀にイランに栄えた王朝・パルティアの兵士たちが得意とした戦法でした。

このパルティア王朝を滅ぼし、西アジアの大半を支配した大帝国がササン朝ペルシア（二二六～六五一年）です。パルティアン・ショットは、皮肉にもササン朝の時代になって、ペルシアの文様、あるいは図柄としてシルクロード全域で人気を博したといわれ、いわばペルシア錦の代表的な文様の一つとなっているのです。

けれども「四騎獅子狩文錦」は、ササン朝時代のペルシア人がペルシアで製作したものではありません。ペガサスのお尻のあたりに「山」と「吉」の二つの漢字が織り込まれており、唐の時代に中国で作られたと考えられています。

この「四騎獅子狩文錦」の織り方の技法は、中国絹織物の伝統的な「経錦」と呼ばれる技法ではなく、「西域三十六か国」を含む西の世界の、いわゆる毛織物文化圏で発達した毛織物の技法、緯錦《よこにしき》（緯糸で色と文様を織りなす）によるものでした。

農耕生活圏に生き、絹織物文化圏を築いた中国・中原の人たちが、遊牧生活圏に生き、毛織物文化圏を築いた人々の毛織物製作技法を吸収し、改良を重ねた新しい「緯錦」技法を駆使して、世界的傑作の古代錦を織りなしたのです（↓第五章）。

なぜシルクロードは「懐かしい」のか

他にも、シルクロードを通した、日本と中国・西域との関わりが、思いのほか深いことを示すものが幾つもあります。

まず、四世紀半ば、西域にあって、最も繁栄していたオアシス国家・亀茲王国（現・新疆ウイグル自治区クチャ県）に生まれた鳩摩羅什《くまらじゅう》（三四四～四一三年）です。彼は長安で、「金剛般若経」「法華経」「阿弥陀経」「坐禅三昧経」など約三百巻に及ぶ経典を漢訳しました。実は、私たち日本人は、鳩摩羅什が訳したその経典を、今も読んでいるのです。日本の仏教は鳩摩羅什仏教だ、とまで言われる由縁がここにあります。

西域における「古代シルクロード」は、奈良・飛鳥の法隆寺金堂の壁画や仏像などの源流を思わせる大地であり、東大寺大仏へとつながる、大仏の来た道でもあります。仏教東伝の道を象徴するかのような、我が国との深い関わりを示しています。

また、天山南路の亀茲王国の遺跡である石窟寺院の壁画には、天上の音楽を奏でる伎楽天が多く描かれていますが、奏でている楽器は、竪箜篌《たてくご》（ハープ）、五弦琵琶、四弦琵琶、排簫《はいしょう》、篳篥《ひちりき》、笙《しょう》、腰鼓、羯鼓《かっこ》など、いずれもシルクロードの全盛期に、唐の玄宗皇帝が最も愛した亀茲楽――明るくエキゾチックな音楽の主役だった楽器たちです。そうした楽器はわが国でも、正倉院に宝物として収蔵されていたり、今なお雅楽としてお馴染みの、あの優雅な音色を奏でる楽器として実際に使用されていたりします。

他にも正倉院の宝物には、シルクロード由来の物が幾つもあり、日本がシルクロードの東端とも言われる由縁となっています。

そして私自身、現地を取材した際にも感じたことですが、シルクロードを旅するツアーの講師として現地をご一緒した際に多くの方々が口にしたのが、不思議なことに「懐かしい」という言葉でした。私たち日本人が、シルクロードの遺跡など、西域の歴史の現場に立った時、懐かしいという感情を抱く瞬間が、なぜあるのでしょうか。

それは日本文化の源流と呼ばれる飛鳥・天平文化のさらに源流が中国であり、西域だからではないでしょうか。西域の遺跡や石窟寺院などに、日本文化の源流の面影を見出すことは実に容易なのです。この西域との文化的な、歴史的な深い関わりの中で育まれた感覚が、知らず知らずのうちに醸成されていて、それが初めて西域の大地に立った時に共鳴するのではないでしょうか。私も数回ですが、《かつて、ここに来たことがある》と、なんとも不思議な感覚に捕らわれたことがあります。作家の井上靖氏や陳舜臣氏、それに司馬遼太郎氏らがしきりに言っておられた、《シルクロード病》とは、こういうことかと、思ったものです。

一番良い生活の場

西域の全盛期は、一世紀から八世紀半ば頃までと考えられています。この間、南のインド、西のペルシア、ギリシア、ローマなどから先進文化の多くが、中国に入る前にいったん「西域」で受容されて、それから後、中国に入っていきました。

一方、絹織物文化の西伝のように、中国の先進文化が、西や南に伝えられる際にも、まず西域で受容されています。常に様々な先進文化と接触しているからこそ、西域の文化も多彩になり、高い水準を維持できたのでしょう。

シルクロード研究で知られる中国・蘭州大学の王鉞《おうえつ》教授は、その著書『シルクロード全史』（金連縁訳）の中で、二十世紀を代表するイギリスの歴史家、アーノルド・J・トインビーの語る西域の魅力をこう引用しています。

一世紀後半、タリム盆地は、以前の数多くのオアシス小国から、統一されたいくつかの大きな独立王国――鄯善国【旧・楼蘭】、于田国【現・ホータン】、車師国【現・トルファン】、焉耆《えんき》国【現・カラシャール】、亀茲国【現・クチャ】、疏勒国【現・カシユガル】になった。この時代、西域では、政治・経済・文化が空前の繁栄期に入っていた。幾多の歴史家の眼には、この時代の西域はこよなき楽園に映ったようである。イギリスの有名な歴史家トインビーは、こう語ったという。〝もし私が一番良い生活の場を自由に選べるなら、躊躇なく一世紀の西域を選ぶであろう……〟。

トインビーが、そこで生活したいと憧れるまでに、西域の国々が繁栄したのはなぜでしょうか。そしてそれにも拘わらず、なぜ、そうした幾多の王国が、流沙の中に埋もれていってしまったのでしょうか。これから皆さんと一緒に、シルクロードを旅するように、その遥かなる歴史の謎を一つ一つ解きあかしていきたいと思うのです。

第一章　「楼蘭の美女」は、どこから来たのか

二千歳ではなく三千八百歳だった「楼蘭の美女」

「NHK特集　シルクロード」（旧「シルクロード」）製作陣が、放送から三十年ほど経って、一堂に会したことがありました。その際、誰言うとなく話題になったのは、「楼蘭の美女」の年齢のことでした。

「楼蘭の美女」とは、一九八〇年に発掘され、放送の第五集『楼蘭王国を掘る』のラストシーンで登場した女性のミイラのことです。黄褐色の髪の色、その顔立ちの美しさ、面影が判るほどに保存状態がよく、今でも世界的に有名な美女ミイラの一人といえるでしょう。

ところが彼女は放送時には二千歳、つまり二千年ほど前のミイラだと思われていたのですが、実は三千八百年ほど前のミイラだということが、その後の研究で判ったのです。

シルクロードの名付け親、ドイツの地理学者・リヒトホーフェンが、シルクロードは紀元前一一四年から始まると考えていたように、私たち当時の取材班も、彼女の生まれた年はシルクロードの往来が活発になる、紀元前一一四年以降だろうと考えていました。しかし考古学の進歩は目を見張るものがあり、彼女も放射性元素の「炭素14」による年代測定によって、紀元前一八〇〇年前後の古代人だと推定されたのです。

楼蘭が、楼蘭王国という名前で初めて中国の歴史書に登場するのは、紀元前一七六年のことです。司馬遷の『史記』「匈奴列伝」に、匈奴の王冒頓単于《ぼくとつぜんう》が「楼蘭以下二十六国（『漢書』西域伝には三十六か国）を支配下におさめた」ことを前漢に伝えたことが記されているからです。

楼蘭というオアシス国家が、いつからあったのかは定かではありませんが、ロプ・ノールの湖岸、シルクロードの要衝にあり、大変に栄えていました（→第八章）。しかし、匈奴と漢の強国に挟まれ、どちらにも人質を出すなど、政治的には大変難しい立場にあり、やがて漢の支配が強まります。その後は四四五年に、「北魏《ほくぎ》」に占領され、王と人口の半分は、「北魏王朝」の都・現在の大同に連行されてしまいました。七世紀以降は国そのものが姿を消してしまいます。楼蘭の遺跡が、スウェーデンの探検家・ヘディンによって発見されたのは一九〇〇年のことです。

ところで、先ほど記したとおり「楼蘭の美女」は、楼蘭が初めてその名を歴史書に記された年よりも、さらに千八百年ほど前、今から三千八百年近く前に生きた古代人でした。彼女は、いつ、どこから、どのようにして楼蘭の地にたどり着き、なぜこの地で暮らし始めたのか。そもそもいかなる民族だったのでしょうか。

絹のないミイラたち

中央アジアの探検家時代以降、楼蘭王国が栄えたロプ・ノールや孔雀《くじゃく》河周辺からは、実に多くの、そしてさまざまなミイラが発見されました。ひっそりと葬られたミイラから、多くの人たちと一緒に共同墓地に葬られたミイラまで、その埋葬の仕方は様々です。

中でも、棺の中にあるその姿から、「美女」や「王女」と呼ばれるミイラが三体あります。

まず一体目は、先ほどの「楼蘭の美女」と呼ばれる、今から三千八百年ほど前の、古代楼蘭人の女性のミイラです。鉄板《てっぱん》河《が》遺跡から発掘されました。身長百五十五センチ、四十歳ぐらいで没したと思われます。

二体目は、二〇〇四年、小河墓遺跡から発掘され、二〇〇五年の「NHKスペシャル新シルクロード」第一集『楼蘭・四千年の眠り』でも紹介された「新しい美女」と呼ばれるミイラです。身長は百五十二センチ程度、亜麻色の髪に高い鼻、長いまつげ、肌は白く、発見された際には「楼蘭の美女」よりも美しいと、一大センセーションをまき起こしました。

三体目は「ロプの王女」――ヘディンが、一九三四年の五月に、「さまよえる湖」ロプ・ノールの水が戻ったことを確認しに行った際、孔雀河の支流の河口近くの段丘の上で発見し、自ら名付けた、絹に覆われた美女です。

この「ロプの王女」は、他の二体の美女と比較すると、発見こそ早かったものの、ミイラ自体はだいぶ時代的に新しいものでしたので、のちに触れることにします。

古代楼蘭人は白色人種

一九七九年、「NHK特集　シルクロード」の取材に先駆けて、中国考古学者たちによる楼蘭周辺の事前調査が行われました。中心は、新疆文物考古研究所副所長（当時）の王炳華《おうへいか》氏。西域・新疆ウイグル自治区における考古学の分野をリードしてきた、代表的な研究者です。その調査で王氏は、楼蘭故城（遺跡）から北西へ七十キロ、ロプ・ノールにそそぐ孔雀河の北岸で、広さ千六百平方メートル、約五百坪ほどの公共墓地・古《こ》墓《ぼ》溝《こう》遺跡を探し当て、比較的保存状態のよいミイラ四十二体を発掘しました。

翌年には、鉄板河遺跡で「楼蘭の美女」を発掘。それらの埋葬法に次のようないくつもの共通性があることを発見します。

・棺は胡楊【コトカケヤナギ・ポプラの一種】の木でカヌー型
・棺は牛・羊などの皮で覆われている
・ミイラはマントのような毛織物で覆われている
・フェルトの帽子をかぶり、鳥の羽飾りがあしらわれている
・副葬品に、草編みの食籠（小麦の種子を入れた籠）、玉《ぎょく》、羊の骨、麻黄《まおう》などがある
・絹はどこにもない

（『楼蘭——幻のオアシス』王炳華著、渡邉剛訳／『新シルクロード1』NHK「新シルクロード」プロジェクト編著／『楼蘭王国　ロプ・ノール湖畔の四千年』赤松明彦著等）

王氏はこれらの共通性の背景に、ミイラたちの同時代性、同一民族性を感じとり、二つの調査を依頼しました。

一つは棺の木材、棺の中の毛織物などをもとにした、「炭素14」によるミイラたちが生きた時代、年代の特定です。北京大学、中国社会科学院など数か所へ依頼されました。もう一つは、ミイラの頭骨にもとづく民族・人種などに関する調査・測定で、こちらは中国社会科学院・形質人類学の韓康信教授（当時）へ依頼されました。

この結果、当時としては驚くべきことが判りました。まずその年代は、平均して紀元前一八〇〇年前後でした。漢王朝と西域の交渉が始まった紀元前二世紀より、遥か千数百年も前のことだったのです。

また、形質人類学上の調査・測定の結果、韓教授は「古楼蘭人」の頭骨が、古欧州人ときわめて類似していること、すなわち後頭部のある部分が平らで、頭骨全体をみても長い頭、相対的に低い顔の位置、広い鼻などの特徴は現代の北欧や西欧の人々と共通していると指摘しました。インド・ヨーロッパ語を話す人々の祖先、いわゆる「原ヨーロッパ人」に極めて近い、白色人種だというのです。

これらを踏まえた王氏は、「楼蘭の美女」たちの生きた時代は、紀元前一八〇〇年前後の時代で、古代楼蘭人は原ヨーロッパ人に極めて近い白色人種とした上で、「早期ロプ・ノール住民は、ユーラシア大陸上今まで知られている時代で最も早く最も東に分布するヨーロッパ人種特徴を有する住民である」（王氏前掲書）

と発表しました。

二体目の美女、二〇〇四年に発見された「新しい美女」と呼ばれる若い女性のミイラも、同じように白人系とみられています。彼女もまた、毛織物やフェルトに包まれていて、絹は見られませんでした。

絹に覆われた「ロプの王女」

さて、三体目の「ロプの王女」ですが、ヘディンが彼女を発見した際の様子を、著書『さまよえる湖』（福田宏年訳）からみてみましょう。

一九三四年五月六日、ヘディンは孔雀河の水面から九メートルほどの河岸段丘の上に、タマリスク（檉柳《ぎょりゅう》）の木の杭が立っているのをみつけます。それは墓所の目印でした。カヌー型の棺の二枚の蓋をとってみると……。

目に映ったのは、砂漠の支配者、楼蘭とロプ・ノールの王女の輝くばかりに美しい姿であった。(中略)頭にはターバンのような帽子をかぶり、帽子のまわりに簡単なリボンを巻いていた。上半身は麻の衣服をつけていて、その下に黄色い絹の同じような衣服をさらに何枚かまとっていた。胸は、刺繡で飾った赤い四角の絹の布で蔽い、その上に青い布地の肌着をまとっていた。下半身は絹で二重に包まれて、一種のスカートのようになっているが、それは黄色い絹の衣服と麻の衣服からつづいていた。

ヘディンが何を基準に「王女」としたのかは判りかねますが、棺の中の女性は、身長百六十センチほどの婦人でした。そして棺の中には絹がふんだんにあったのです。ヘディンたちは「ロプの王女」の棺を、一晩だけ星の光の下にさらしてあげました。続くヘディンの文章には、六十九歳になる彼の、魂の瑞々しさを感じずにはいられません。

心持ち黄色味を帯びた青白い頬と、手の幅ほどの長さの髪の毛を、夜風がなぶる。二千年近い歳月の間にただ一夜だけ、王女は墓から出て、この世に帰ってきたのである。

翌朝、「ロプの王女」を、再び埋め戻し、ヘディンらはカヌーをロプ・ノールに向け進めました。そして「ロプの王女」の墓所から数キロしか離れていない場所で、今度は棺の中に全く絹のない一体のミイラを発見しました。

その棺は高さ二十五メートルの段丘の東斜面にありました。カヌー型の棺で、蓋の代わりに牛の皮で覆われていました。頭巾には羽飾りがついていて、ミイラは身長百五十二センチの小柄な老婦人でした。その身体は、粗織りの外套で包まれていましたが、絹はまったくありませんでした。

一九七九年に王氏が発見した四十二体のミイラも、翌年発見された「楼蘭の美女」も、二〇〇四年に発掘された「新しい美女」も、みな同じタイプでした。

絹の有無が示すもの

何人かの研究者がすでにふれているように、この楼蘭の地で営みを続けたミイラたちは、大きく二つに区分けされます。その区分けの仕方は、誠に単純なのですが、ミイラたちの棺の中に「絹」があるか、ないか——つまり「絹」の有無を基準にするものでした。これは、「絹」のあるミイラは生前、裕福な生活を送っていたミイラであり、「絹」のないミイラは貧しい生活を送ったミイラ、といった当初考えられていたような貧富の差の問題ではなくて、それぞれが生きた時代区分の違いだったのです。

この絹のないミイラたちには、もう一つ特徴があります。

それは埋葬品を含めて、彼ら、彼女らには中国・中原の文化的影響が全く見られなかったことです。

一方、「ロプの王女」に代表される、棺に絹のあるミイラたちの特徴は、単に絹のあるなしだけではなく、その文様や装飾にも中国・中原の文化の影響が随所にみられます。

そうした点を踏まえた上で、「ロプの王女」を考えてみると、やはり彼女が生きた時代は、漢王朝と西域の国々が交渉を持ち始めた紀元前二世紀以後、と考えるのが妥当だと思います。そして王氏、韓氏の研究によれば、「ロプの王女」に代表される、前二世紀以後の絹に恵まれた楼蘭人も、他民族との混血はみられるものの、それらを除けば、基本的にはヨーロッパ系の白人種だといいます。

しかし、不思議なことに、「楼蘭の美女」など紀元前一八〇〇年代の古代人のミイラと、紀元前二世紀の、いわば楼蘭王国人のミイラとの間、およそ千六百年のうちの千年間ほどは、この地で人が生きた証、ミイラはおろか生活の痕跡すら、まだみつかっていません。

まさに「千年の空白」があるのですが、これも「古代シルクロード史」における大きな謎の一つです。

飽きられた絹

さて、シルクロードが幕開けとなった紀元前一一四年以後の楼蘭には、絹の有り余り現象が起きていました。

西域の国には「使者を出す回数が多くなったので、外国は次第に漢の財物にはあきあきするほどになって、漢の物産を珍重しなくなった」（『史記』「大宛列伝」）と記されたほどでしたが、ここに記された「漢の財物」の代表は間違いなく絹です。

漢王朝の初期、中国にとって西域、というより、長安にもっと近い黄河より西は未知の世界でした。そのドアを押し開いた、いわば西域開拓の総合指揮官が武帝、そして開拓者が張騫だったのです。紀元前一一五年、烏孫と同盟を結ぶため、旅立った張騫の率いる使節団の様子を「大宛列伝」は次のように記しています。

三百人の部下と、一人につき二頭の馬、万の単位で数えるほどの牛と羊をひきつれ、数千万の多額にのぼる黄金と絹織物をたずさえさせ、また節（使者のしるしのはた）をもった副使多数を随行させて、途中で烏孫以外の近辺の諸国に使者として派遣できるようにし、出発させた。（『史記』「大宛列伝」小川環樹・今鷹真・福島吉彦訳）

現代の私たちでさえ驚くような大使節団です。こうして張騫は対匈奴の同盟を結ぶため旅立ちましたが、その任務は果たせませんでした。しかし彼の死後、烏孫国から送った各国への使節が、漢への使者を連れて続々と帰国し、それを受けて西域への使者が大量の絹を携え、次々に長安の都を旅立ったことは既に触れた通りです。武帝の野望であった官制の「シルクロード」が実現したのです。

「ロプの王女」は、そうしたシルクロード史の開幕を象徴する一つのシンボルだったといえるのではないでしょうか。

第二章　「さまよえる湖」が、もうさまよわない理由

忘れられたロプ・ノール

二〇〇四年の夏の終わり、私は新疆ウイグル自治区の中心地・ウルムチから、天山山中に分け入り、南北およそ六百キロを縦断する旅へ出ました。

ウルムチから西へ二百二十キロほどのクイトンで一泊、天山山中のイリ河上流の町で一泊、海抜三千八百メートルほどの四つの峠を越え、タクラマカン砂漠に面した天山南路のオアシス都市・コルラにたどり着きました。凄まじい行程でしたが、山中では、高原で夏の放牧の時を過ごすモンゴル族やカザフ族の人々と至る所で出会い、天山はまさに、遊牧民の世界だと実感したものです。

最終目的地は、旧・楼蘭王国こと鄯善王国の仏教都市といわれるミーラン遺跡でした。コルラに一泊後、タクラマカン砂漠をおよそ五百五十キロ走り抜け、その先の西域南道

のオアシス都市・チャルクリクへと向かいました。砂漠の道がもう終わろうかというあたり、チャルクリクの手前三十キロほどのところで、大きな湖と出会いました。案内役である新疆のベテラン・ガイドに湖の名前をきいたところ、まったく知りませんでした。私は何となく気になり、帰国後すぐに地図と、ヘディンの『さまよえる湖』をもとに調べたところ、私が見たその湖は、チェルチェン河の水が注ぎこんで出来たカラ・ブランであることが分かりました。

十九世紀末、ロシアの探検家・プルジェワルスキー（一八三九〜一八八八年）は、この湖と、さらに東にあるカラ・コシュンという二つの湖を発見し、この二つの湖こそが、今では「さまよえる湖」として有名な、ロプ・ノールなのだと発表しました。楼蘭王国がその岸辺に栄えたとされ、中国の文献に様々な記述が残されていたものの、当時はどこにあるのか判らなかった、大きな塩湖のことです。

この発表は、世界の地理学界にセンセーションを巻き起こしました。

プルジェワルスキーはさらに、中国のすべての歴史書におけるロプ・ノールの位置の記載は北緯一度分、北にずれていて、間違っていると指摘しました。一度の違いは距離にすると約百十一キロのずれになります。

このプルジェワルスキーの説に激しく異を唱えたのが、シルクロードの名付け親であるリヒトホーフェンです。二人の論争はそれぞれの弟子――ロシアの探検家・コズロフ（一八六三～一九三五年）と、ヘディンに引き継がれて争われました。十九世紀末から二十世紀初めにかけて、世界の地理学界を二分するほどの大論争となった、いわゆる「ロプ・ノール論争」です。その引き金をひいたのが二つの湖「カラ・ブラン」と「カラ・コシュン」の発見だったのです。

しかしそれからおよそ百年。新疆のベテラン・ガイドでさえ、湖の名前を知らないと言います。「ロプ・ノール論争」はもはや風化してしまったのでしょうか。

千六百年で移動した？

一九〇〇年にヘディンが、楼蘭王国の都の跡と考えられる遺跡、楼蘭故城を発見した時、近くには枯れた川床、そしてロプ・ノールがあったと思われる低地がありました。ヘディンは、楼蘭故城から多数の漢文の文書を発掘しましたが、西暦三三〇年以後のものがありませんでした。そこでヘディンはこの三三〇年を、巨大湖、ロプ・ノールが涸れた時、また都が放棄された時だと考えたのです。

それから五年後の一九〇五年、ヘディンはその低地のかつての姿、琵琶湖の数倍もある巨大な湖ロプ・ノールは、北から南へ、また南から北へと移動する「さまよえる湖」だと発表しました。一帯は標高差があまりないため、雪解け水を運ぶ河が土砂の堆積などで流れを変え、それによって湖の位置が動くというのです。同時に、南の二つの湖、カラ・ブランとカラ・コシュンの水量が少なくなっていること、一方、北にある湖と思われる低地では、湖底となる地面が風の浸食で低くなってきていることなどから、近く湖は南から北へ戻るだろうと予言しました。

一九二七年、トルファンにいたヘディンは、ある噂を耳にします。ロプ・ノールに注ぐ河とロプ・ノールそのものに水が戻ってきているというのです。しかし残念なことに、探検に要する資金の確保ができないことと、政情不安もあって、ヘディンは水の戻ったロプ・ノールの確認と調査に行けませんでした。一九三四年、ヘディンにやっと確認と調査の機会が訪れました。水の戻った湖、ロプ・ノールに向け、孔雀河の支流、クム・ダリア（河）を実際にカヌーで下って、予言が正しかったことを自ら実証したのです。

ところが、早稲田大学名誉教授の長澤和俊氏はその著書の中で、次のように述べています。

――私はロプ湖は太古から今日まで多少はその位置を変えながらも、大綱においてはその位置を変えず、今日に及んだと考えている。（『シルクロード』）

本当にロプ・ノールは、さまよえる湖なのでしょうか。

なぜ干上がったのか

ヘディンの「さまよえる湖」説に反論した研究者の一人に、日本の保柳睦美《ほやなぎむつみ》博士がいます。当時、博士は都立大学教授で、東京地学協会副会長でした。

一九六五年に、湖は動かなかった、そのかわりに気候変動により、湖にそそぐタリム河や孔雀河の流量の変化がロプ・ノールの涸渇に影響を与えたと発表し、ヘディンの説に真っ向から反論しました。一九七六年に、博士はその一部を修正し、その著書『シルク・ロード地帯の自然の変遷』にて再度反論しました。

そして「ＮＨＫ特集　シルクロード」の取材が始まった一九七九年以降、中国の研究者の間から、ヘディンの「さまよえる湖」説への本格的な反論が始まります。

番組のための、各分野の研究者たちによる総合的事前調査に参加した中国科学院・新疆生態地理研究所の夏訓誠教授（当時）は、地理学の立場からヘディン説へ反論しました。大変に説得力のあるものでしたので、簡単にご紹介したいと思います。

・もともと「ロプ・ノール」の最低部は海抜七百七十八メートル、湖「カラ・コシュン」の最低部は七百八十八メートルで、カラ・コシュンの方が十メートルも高い。従ってロプ・ノールの水がカラ・コシュンに逆流することはありえない。

・タリム河や孔雀河がロプ・ノールへ流れ込む際の水には、泥や砂が少ない。ヘディンは、河が運んできた土砂が湖の底を高くするため、水がより低いところへ流れ出すと考えたが、実際には土砂が湖底を埋めてしまうほど運ばれた事実はない。

・（湖の）涸れた湖底は、一面に硬い岩塩層でおおわれているので、風の浸食作用によって削られ、新しいへこみがつくられるというようなことはない。

（『湖がきえた　ロプ・ノールの謎』石井良治著、要約）

王炳華氏も著書『楼蘭――幻のオアシス』で、まず、楼蘭王国時代のロプ・ノール周辺の自然環境について、湖にそそぐ孔雀河は、堆積分のない、すんで青く光る、孔雀の羽のような河だったこと、その孔雀河もタリム河も乱河であり、ロプ・ノールにそそぐ河口は広大なデルタ地帯を形成していたこと、そして豊かな大地の四割は胡楊林で覆われていたことをあげ、現在の一滴の水もない湖底でのボーリング調査を踏まえて、次のように記しています。

ロプ・ノールは数万年間終始水がたまっており、決して他に移ってはいない。掘削の深さが九メートル近い所では、測定の結果、その堆積年代は今から二万年余り、堆積する年平均の厚さわずか〇・四三ミリメートル、深さ一・五メートルの所の堆積では、測定年代が今から約三六〇〇年前で、年平均の堆積する厚さは〇・四二ミリメートルである。この二つのデータでは、二万年前から三六〇〇年前までの一・六万年ほどの歴史時間内に、ロプ湖の毎年の土砂堆積量がわずか〇・四三〜〇・四二ミリメートルと、変化は大きくない。土砂の堆積作用は、激しいとは言えないのだ。このデータをスウェン・ヘディンが予測した一五〇〇年を一つの移動周期として推定すると、一五〇〇年の堆積では、湖底も六三センチメートルしか隆起せず、一メートルにも満たない。また、カラ・コシュン、タイトマ湖はロプ・ノールに比べて、それぞれ一〇メートル、二〇メートル高く、どうしてもそれらの方に移動するわけがない。

この調査結果は、「さまよえる湖」説への決定的反論になったかもしれません。先に御紹介したように、気象衛星から撮影したロプ・ノールの写真の解析によって、一九七二年頃まで湖に水があったことが判っています。しかし、二〇二一年現在のロプ・ノールは、その底部が、人間の耳のような形のくぼ地として残っていますが、水は一滴もありません。カラ・コシュンにいたっては、形跡もよくわからないのです。

王氏は一九七二年に完成したロプ湖上流のダム「大西海子《だいせいかいし》」について、「ダム貯水の日は、つまり孔雀河下流のロプ・ノールが静かに滅びる時でもあった」と述べ、さらに、こう記しています。

上、中流の農業生産の発展、開拓面積の拡大、尉犁《いり》県境で孔雀河の水が大西海子ダムにせき止められたことから、下流が砂漠と化し、水が浩々として果てしなかったロプ湖が姿を消したのである。　（同書）

もう一つヘディンが記した、一九二一年頃、ロプ・ノールに再び水が戻ったことについては、どう説明すればよいのか。王氏と夏氏の答えは次の通りです。

一九二一年、タリム河がカラ・コシュンに入る河道は、一つには土砂がたまり河床が隆起したため、もう一つは、ライスという地方で水車を利用したうすに水を使うために、ライスに流れる方向に小さい穴をあけ、この流水穴が自ずとタリム河をライスに向かわせたため、たった六キロメートルの短い流れ——ライス河を作った。タリム河の大量の水は、どんどんと東北に斜めに流れ孔雀河に入り、干上がってあまり水が残っていなかった近くのロプ・ノールの水面を大幅に増大させた。この現象は、二〇世紀二〇年代末三〇年代初、再びロプ・ノールに至ったスウェン・ヘディンを非常に興奮させた。

（同書）

ライス地方の土豪が、水車を廻すためにタリム河に穴をあけ水をひいたというのです。この事実が、ヘディンの「さまよえる湖」説を、根底から覆すものとなったのではないでしょうか。
楼蘭とロプ・ノール周辺の地に、夏氏は自然地理学の立場から、王氏は考古学・歴史学の立場から、それぞれ深くかかわってきました。その二人が、この地の荒廃の主たる原因にあげたものは、気候変動でも、その他の自然現象でもありません。

この一切の変化を引き起こしたのは、やはり人にあり、人類社会自身に、また人が決めた水資源の分配にあるのだ。楼蘭がなぜ滅亡したのか、なぜ砂漠の奥深くに突然消えうせたのか、をより全面的に検討した結論はこうである。楼蘭の出現と没落は、特定の自然地理環境における人類の社会活動の結果である。（中略）忘れてはならない歴史の真理である。（中略）楼蘭をしっかり胸に刻もう！　それがかつてあった輝きを忘れず、またそれが壊滅にあった悲哀を忘れてはならない。

（同書）

それは人間の営為、行為そのものでした。

第三章　「タクラマカン」は謎の巨大王国なのか？

「入ったら出られない」ではなかった？

二〇一二年九月の初め、早朝の新疆ウイグル自治区のウルムチ空港の売店で、私は一冊の本に出会いました。『新疆之謎』、著者は新疆ウイグル自治区の公式メディア、新疆日報新聞の主任記者で、文化・歴史分野を担当する楊新才《ようしんさい》氏でした。

その中に、

「タクラマカンとは、入ったら出られない、ということだろうか？」

とありました。従来、ウイグル語で「入ったら出られない」の意とされてきたが、現在では言語学からの指摘もあり、諸説入り乱れて定説に至っていないというのです。

「NHK特集　シルクロード」では、石坂浩二さんの名調子で「タクラマカンとは、ウイグル語で、一度入ったら出られない、という意味の大砂漠……」と伝えていました。

作家の井上靖さんも、同じニュアンスで、シルクロード取材記に書かれています。

初めてタクラマカン沙漠の中に足を踏み入れた思いであり、タクラマカン沙漠というものがいかなるものか、その一端に触れた思いであった。タクラマカンは、ウィグル語ではタッキリ・マカン。タッキリは〝死〟、マカンは〝はてしなく広いこと〟――確かにタクラマカンは死の沙漠以外の何ものでもなかったのである。

（『シルクロード　絲綢之路　第四巻　流砂の道　西域南道を行く』井上靖・長澤和俊・NHK取材班著）

少なくとも一九八〇年代当時、ほとんどの研究者が同じように理解していたのではないでしょうか。ところがそれが近年では、定説ではないというのです。

では、シルクロード探検の原点ともいえるヘディンと、英国の探検家スタインは、この問題をどのようにとらえていたのでしょうか。

まずイギリスのスタインです。一九〇〇年から中央アジアの探検を重ねた彼は、一九二四年三月、イギリス王立地理学会の講演で、興味深い発言をしています。広大なタリム盆地について、その大部分はタクラマカン砂漠だとして、次のように述べました。

すなわち、その中央部は広大な面積にわたって、砂丘の砂漠が展開し、新しいトルコ語では、これをタクラマカンと呼んでいる。
（講演「最奥アジア――ここに展開された歴史の舞台としての地理的条件」、『シルク・ロード地帯の自然の変遷』保柳睦美）

「新しいトルコ語」の詳細は判らないものの、「タクラマカン」という地名は、比較的新しい時期に命名されたもののようです。その証拠に文献を古い順にみてみましょう。

・「西の方流沙」
二六四年、洛陽（現・河南省洛陽市）から、ホータン王国（現・新疆ウイグル自治区ホータン市）に向かった僧・朱士《しゅし》行《こう》は、ホータン河にそってタクラマカン砂漠を渡った。『高僧伝』はこの砂漠を「西の方流沙」と表記。

・「沙中、沙河、沙漠」

四〇二年頃、焉耆《えんき》国からホータン王国に渡った東晋時代の僧・法顕《ほっけん》は、その著『法顕伝』に、「沙中、沙河、沙漠」などと記した。

・「大流沙」

六四四年、玄奘三蔵《げんじょうさんぞう》（六〇二～六六四年、『西遊記』の三蔵法師のモデル）は天竺からの帰路、ホータン王国から敦煌へと進むが、その著書『大唐西域記』に記した砂漠の名は「大流沙」。

・「ロプ砂漠」

十三世紀のマルコ・ポーロは、タクラマカン砂漠については触れず、「ロプ砂漠」については横断に一年を要する「大砂漠」と記した。

以上、四件について共通していることは「タクラマカン砂漠」という表記はどこにもないということです。すなわちスタインの指摘通り、「タクラマカン」という名称は、比較的新しい時期に誕生した可能性が高いように思われます。

もう一人の代表的な探検家、スウェーデンのヘディンが、「タクラマカン」という呼び名を初めて耳にしたのは、一八九五年二月のことでした。その二年前から、第一回となる中央アジア探検を始めており、行く先々で地元に伝わる言い伝えなどを精力的に聴取し、それらを調査、精査した上で、探検の行く先を決めていました。

ヘディンはマラルバシ（中国名・巴楚《パーチュー》）という大きなオアシスで、「タクラマカン」という名前を聞きました。マラルバシは、カシュガルから天山南路にそって北東へ二百キロのところ、西から流れてきたカシュガル河と、南から北上してきたヤルカンド河が合流するあたりにあります。そこで耳にした「タクラマカン」は、大砂漠の呼び名ではありませんでした。かつて大砂漠に埋もれた巨大王国があり、その古代王国の国名が「タクラマカン」だというのです。しかも王国は今も金銀財宝と共に埋もれていると、多くの住民から聞かされました。以来、まるで何かにとりつかれたように「巨大王国・タクラマカン」発見に向けて、ヘディンは没頭します。そして「タクラマカン」という王国の名を聞いた二か月後、一八九五年四月十日に、中央アジア探検史にその名をのこす「死のキャラバン」――ヘディンが九死に一生を得た二百八十七キロの砂漠行に出発したのです。

ヘディンの『アジアの砂漠を越えて』（横川文雄訳）から、ご紹介しましょう。

この砂漠の真中、ヤルカンド・ダリヤ【ヤルカンド河】と、コータン・ダリヤ【ホータン河】のあいだに、かつて大きな町、タクラマカンがあったが、この町はすでに久しく砂の中に埋まっているというのである。砂漠地域全体がいまではこの名前で呼ばれており、もういまではときどき《タカン》と略称されることもある。（中略）そのなかには金や銀の延べ棒が山と積み上げられているという話も聞いたそうである。もし誰かがキャラバンを率いてそこへ行き、自分が連れてきたらくだに金を積むと、もう出かけることができなくなる。それどころか、砂漠の霊につかまえられてしまう。

ヘディンが探検行の調査に当たっていた時、訪れた地元の人々は、異口同音に「あまりにも危険だ」「即刻中止すべきです」と、ヘディンを諫めました。

また老人の話だと、あるとき運のよい男がいたが、それはコータン【ホータン】から来たモラー【イスラム教の僧侶】だった。この男は借金があったので、砂漠で死のう

と思った。ところが、彼はそこで金と銀を見つけたので、今ではとてもすごい金持だそうである。だが、これと同じ目的で砂漠に向かい、二度と戻って来なかった人たちの数はおびただしいものだそうである。（中略）不幸な連中は頭が狂ってしまうので、自分では知らずにリング・ワンダリングをするので、幾度も幾度も自分が歩いたもとの場所へ戻って来てしまう。ひたすら歩いて、やがて疲労困憊して倒れ、渇き、苦しみ、死んでいったのである。

（同書）

ヘディンは数人の住民から、この大砂漠にはもう一つ「デッケン・デッカ」という呼び名があることも聞きました。それは「一〇〇一」もの町が埋もれているから、そう呼ぶのだというのです。いずれにしろヘディンが最も興味を引かれたのは、沙流に埋もれた「巨大王国・タクラマカン」でした。

このような物語は、みなどこから来たのだろう。この埋没した町に関する符合した物語や、古代の大きな町、砂に呑まれてしまったタクラマカンにまつわる伝説は、これをどう説明したらよいのだろう。この物語がコータンからヤルカンドとマラル・バシを経てアクスゥまで、口から口へと伝えられ、またこの古い町がどこへ行っても同じ名前で知られているのは、単なる偶然だろうか。（中略）いや、これは決して偶然ではないだろう。この物語には、必ずわけが、そして、起源があるに違いない。（中略）わたしは、まるで子供のようにこの冒険的な話に耳を傾けた。これらの物語は、わたしが敢行しようとしている危険な旅行を日一日と魅力あるものにしていったのである。

（同書）

ヘディンは砂漠大横断への思いをますます募らせたようです。それは果てしなく連なる砂丘の稜線を行く、まさに前人未到の探検への始まりでした。

しかしながら「タクラマカン」という名の王国は、中国の歴史書にも、各所から発掘された木簡などの文字資料にも、何一つ記されていません。強いてそれらしき国名をあげれば、三世紀初頭、後漢の末、歴史の舞台から忽然と消えた王国——当時、西域南道随一の王国だった「扜弥《うび》国」（新疆ウイグル自治区ホータン地区ケリヤ県にあったとされる。二世紀に古代ホータン王国に征服された）でしょうか。

足りない水

ヘディンの砂漠横断行の出発点は、メルケトという村でした。西域南道の町、ヤルカンドから、ヤルカンド河にそってタクラマカン砂漠を北上し、マラルバシに到達するまでのちょうど中ほどに位置する村です。私も二〇一一年夏に、ウイグル族の伝統音楽を鑑賞するためにメルケト村に一泊しました。周囲を砂漠に囲まれた村ですが、ヤルカンド河に恵まれ、緑豊かで魅力的な田園風景が広がっていました。

さて、出発の日の早朝、ヘディン率いる四人の従者に、八頭のラクダで構成されたキャラバンは、大勢の村人たちの声援を背に、砂漠を東へと進んでいきました。目指す先は、東へおよそ二百八十七キロ、ホータン河にのぞむ唐代の軍事要塞・マザーターグ、「神の山」と訳される小高い丘陵です。

ヘディンが収集した言い伝えでは、あの巨大王国「タクラマカン」は、西はメルケトから、東はマザーターグ、その間のどこかに埋もれているはずなのです。

ヘディンは一日わずか二十キロの速度でも、到達に十五日かからないと考えていました。それでも万が一のことを考慮して、保水担当の従者にも途中、多めに水を用意させたはずでした。ところが道中、激しい水の減り方に驚いたヘディンが従者に確認すると、命じたよりもはるかに少ない水しか用意されていませんでした。以後、節水の日々が続きますが、出発から二十日後の四月三十日、ついに水は底をつきます。

翌五月一日、すべてのラクダがダウンしました。ヘディンはすべてのラクダを置き去りにし、一切の荷物、大切な資料も捨て、従者も一人だけ連れ、這うように前進。五月五日、ついに従者も置いて、一人となります。熱い日中を避け、夕方になって行動しました。その夜、三日月の月明かりの中で、水面を飛び立つ水鳥のかすかな羽音を聞きます。ホータン河の伏流水が作った水たまりと出会えたのです。ヘディンは、そこを「神に恵まれた湖」と名付けました。奇跡的にも、助かったのです。

二度目の探索で発見された遺跡

しかし、これからがヘディンの真骨頂でした。カシュガルに戻ると、巨大王国「タクラマカン」探索への再挑戦を決意したのです。失ったものすべてを再発注し、準備に入りました。今度は探索の範囲も、ホータン河から東、ケリヤ河にいたるまでの百八十キロの間に切り替えました。

翌年の一八九六年一月十四日、ヘディン率いるキャラバンは、ホータンを出発します。

ホータン河に沿って北上すること、およそ七十キロ、四日をかけてタワックル村に到着。態勢を整え一泊し、翌一月十九日、ここから砂丘に入り、東進すること四日。一月二十三日、砂丘の高さ十五メートル、そこで立ち枯れた胡楊の森に出会いました。以後、ヘディンは極めて重要な記録を残しています。

正午頃、われわれは一つの窪地に達したが、そこにはケテク（枯死した森）がたくさんあらわれてきた。（中略）この死の森を通ってみるのはわれわれにとって非常に意義のあることだった。なぜなら道案内が教えてくれたところによると、彼らがタクラマカンと呼んでいる古い町は、この森の東端にあったからである。（中略）一月の二四日。キャンプは空っぽだった。全員がシャベルと斧を持って廃墟に出かけたのである。わたしは自分の立派ならくだの背にまたがって出かけた。（中略）当時の町の平面図をひき出すことはできない（中略）その理由は、直径が三キロから四キロはある広い地域全体が高い砂丘の下に埋もれているからである。このような家の一軒を、男たちはブドカネー（仏陀の寺院）と呼んだが、壁が垂直の角材のあいだにおよそ一メートルの高さに残っていた。（中略）わたしの連れている案内人が、この町をタクラマカンと呼んでいることはすでに述べたが、われわれはこの名前をそのまま使うことにしたい。というのも、この名前には多くの秘密と問題がかくされており、これを明らかにすることは、後日の研究にまたねばならない。（同書）

一八九六年一月二十四日、ヘディンはついに、ホータン、ヤルカンド、マラルバシ、アクスなど、広い範囲で多くの人々が言い伝えてきた古代王国「タクラマカン」を発見できたようです。しかし先述のように、中国の歴史書は「タクラマカン」などという王国名を一切記していません。ヘディンは、この遺跡を発見したものの、詳しく発掘調査することなどはしませんでした。

それから四年後の一九〇〇年、スタインがこの場所を発掘調査したのですが、実はこの遺跡は、ホータンの盗掘業者たちがダンダン・ウィリク（象牙のある家、象牙で飾られた家の意味）と呼んでいた場所でした（↓第四章）。八世紀頃まで栄えていたとみられ、仏教寺院跡からはサンスクリットの経典や漢文の文書などが発見されています。ところがスタインの調査後、この遺跡は本格的に調査されることもなく、再び、その場所も定かではなくなってしまいました。タクラマカンことダンダン・ウィリクが再発見されるのは、一九九七年のことです。油田探査の際に偶然見つかり、その後何回かの発掘調査が行われ、研究者の間で「西域のモナ・リザ」と呼ばれる見事な壁画の残片なども発見されました（→第十章）。

さて、「タクラマカン」という言葉の意味するところですが、章の冒頭でご紹介した『新疆之謎』著者、新疆日報の楊新才記者は、『新疆地名辞典』を手に、言語学の視点から様々な疑問を提起して、その意味を探っています。

それによれば「ブドウの故郷」「砂に埋もれた村、故郷」「ヤギのいるところ」「遺棄されたところ」等々ですが、いずれも結論は出ていません。果たして、地元の人々が言い伝えてきた「タクラマカン」という古代王国は本当にあったのか、疑問はどんどん広がります。

それにしても、シルクロード研究の入り口のようなところに、なぜ、このような新たな謎が生まれてくるのでしょうか。「一つのシルクロードの謎が解けると、新しい、いくつもの謎が生まれる」という先人の言葉を、改めて嚙みしめる思いがします。

第四章　絹と玉の都、ホータン王国の幻の城

スタインが発見した「蚕種西漸図」

一九〇〇年、イギリスの探検家スタインは、西域南道最大のオアシスであるホータンから北東へ百六十キロ、砂漠の真っただ中にある、ヘディンが四年前に発見した巨大遺跡を調査するため、全く同じ道を辿り、遺跡に到りました（↓第三章）。ヘディンが、埋もれた巨大王国の遺跡「タクラマカン」としたこの遺跡を、スタインはホータンの人々がそう呼んでいるとして、「ダンダン・ウィリク」（象牙のある家、の意）と名付けました。

ここでスタインが発見したのが「蚕種西漸図《さんしゅせいぜんず》」の描かれた板絵、奉納額でした。

漢王朝をはじめ、中国歴代王朝は、シルクロードにおける戦略商品である絹の作り方、中でも養蚕技術と製糸技術の国外への持ち出しを禁じました。一方、西方の諸国にとっ

て、絹は垂涎の的であり、自国での製造を熱望していました。養蚕と製糸、織り方の技術は、中国の持ち出し禁止令をくぐり抜け、密かに西方へと伝わりました。

六四四年、経典を求めて天竺まで旅をした僧・玄奘三蔵は、その帰路、ホータン王国に立ち寄り、当地に伝わる蚕種西漸伝説を『大唐西域記』に、こう書き記しました。


その昔、この国では桑や蚕のことを知らず、東方の国にはあるということを聞き、使者に命じて求めさせた。ところが、東国の君主はこれを秘密にして与えず、関所に桑や蚕の種子を出さないように厳命した。瞿薩旦那《クスターナ》王【古代ホータン国王】はそこで辞を低くしてへり下り、東国に婚姻を申し込んだ。東国の君主は遠国を懐柔する意志をもっていたので、その請いを聞き入れた。瞿薩旦那王は使者に嫁を迎えに行くように言いつけ、

「汝は東国の主君の娘に『我が国には元来絹糸や桑・蚕の種子がないので、持って来て自ら衣服を作るように』と伝えよ」

と注意した。娘はその言葉を聞いてこっそりと桑と蚕の種子を手に入れ、その種子を帽子の綿の中に入れた。関所へやって来ると役人はあまねく検索したが、王女の帽子

――だけは調べる非礼をしなかった。（『大唐西域記――玄奘三蔵の旅――』水谷真成訳）

この物語が、「蚕種西漸図」には見事に描かれていました。スタインはその著『砂に埋もれたホータンの廃墟』（山口静一・五代徹訳）に次のように記しています。

わたしが発見したものの中で、おそらくもっと読者の興味をそそると思うのは、中国の王妃を描いた奉納額だろう。これまた玄奘の記録した話によれば、この王妃はコータン（ホータン）にはじめて養蚕業をもたらした人と信じられていた。コータンは、現在と同様、玄奘の訪れた時代も、養蚕が盛んだった。そして、蚕が国外に出るのを厳重に禁じていた中国から、王妃が最初の蚕の卵を髪飾りの中に隠して持ち運んだものと考えられていた。このありがたい不正行為をたたえられて、この利発な女性は、彼女の嫁してきた国で後に神に祀られるにいたったのだ。巡礼僧玄奘がコータン近くで詣でた有名な聖堂は、彼女の霊に捧げられたものだった。

いま述べたこの奉納額は、長いあいだ、不可解な謎とされていたものだった。中央には、頭に高めの髪飾りをつけ、きらびやかな衣装を身にまとった貴婦人がすわり、両側には侍女がひざまずいている。横長の額の一方の端には、果物らしいもののはいった籠が見え、もう一方には、だいぶ消えかかって、はじめのうちはなんとも判断つきかねるものがあった。しかし、左側の侍女が左手を上げて貴婦人の髪飾りを指さしている身振りの意味がわかったとき、謎は解決した。王妃が中国から蚕の卵を密輸入してきたのは、この髪飾りの下だったのだ。

東ローマ帝国の記録によれば、五五一年頃には、蚕の卵も桑の種も、密かにかの地に輸入されていたといいます。ユスチニアヌス帝の命を受けた二人の神父が、コンスタンチノープルの都に密輸入したのです。

最近のヨーロッパの研究者たちは、養蚕が東ローマ帝国に辿り着くまでの流れはもう少し早かったと考えているそうで、四、五世紀にはペルシア、シリア、三世紀には北西インドに伝わっていて、各地に密輸出した大本《おおもと》は、どうやら西域南道の大国、于闐《うてん》こと古代のホータン王国だといわれているのです。

絹と玉と仏教の都

西域に蚕と桑の種を伝えたとされるホータン王国は、西域南道随一の大国でした。その始まりは判然とはしませんが、一説によればインドのアショーカ王の長男が建国したのが紀元前三世紀、『後漢書』の時代には、人口八万人余、兵士三万人を擁していたといいます。大乗仏教はこのホータン王国を経由して、我が国にも伝えられました。そして中国の人々がこよなく愛する玉《ぎょく》は、ほとんどがこのホータン産出のものだといわれています。紀元前のはるか昔から、中国・中原の人々にとってホータンは玉の故郷で、それは今も変わっていません（↓第七章）。

シルクロードの歴史を語る上で、欠かせない存在、それが于闐こと古代のホータン王国なのです。

しかし、そのホータン王国の王がいた城はどこにあるのか。『漢書』『後漢書』によれば「西城《さいじょう》」とされていますが、この所在が今も、はっきりしないのです。

作家の井上靖氏も次のように記しています。

――往古の于闐国の王城も、寺院も、城砦も、大小の集落も、すばらしい文化遺産も、現在何一つ遺っていない。（中略）スタインは于闐の王城をヨートカン遺跡としているが、はっきりしたことは判らない。この町の南方二十五キロのところにはサスビル（馬利克瓦特《マリカワチ》）と呼ばれている古代遺跡も発見されており、大于闐国の結構【基本骨格】は今後の研究にまつ以外ない。

（『シルクロード　絲綢之路　第四巻　流砂の道　西域南道を行く』）

ホータン王国を語る時、その中心である王城がどこにあったのかは極めて重要ですが、スタインの見解は、ヨートカン遺跡がそれであるというものでした。

一方、中国で「考古学の父」と呼ばれ尊敬を集める考古学者・黄文弼《こうぶんひつ》（一八九三～一九六六年）はマリクワト遺跡（マリカワチ）であると主張しました。

ホータン王国が、カシュガルに興ったイスラム勢力・カラハン王朝に敗北して滅びる一〇〇六年まで、王はどこにいたのでしょうか。古代ホータン王国の王城所在論を追っていきましょう。

ヨートカン遺跡説

ヨートカン遺跡は、現在のホータン市（新疆ウイグル自治区ホータン地区）中心街から西へ十一キロ、旧市街地のど真中にあります。周囲は巨大なブドウ農園です。遺跡は地表の下六メートルから八メートルのところに埋まっているといい、今、見られるのはかつての城壁の残骸らしきものだけです。

このヨートカンこそがホータン王国の王城である「西城」だという考えにいたったのはヨーロッパの探検家たちでした。一八九六年一月九日にヨートカンに向かったヘディンは、中央アジアで最も不思議な場所の一つだと記しています。

この村は中央アジアでもっとも不思議な場所の一つである。ここの土地は黄土である。これは、地質学者によれば風に運ばれた塵だというが、この塵が厚さ八メートルの層になって、固い礫岩層の上に堆積している。

一部は湧き水も流れこんでいたが、渓流がやわらかい地面をたち切っているので、河床はその下にある固い地面をけずっている。これで、粘土の台地には、キャニヨンや、垂直に立った岸壁にはさまれた廊下のように、深い溝が刻みこまれてしまった。

とくに、春や夏になって、コンロン【崑崙山脈】の北の斜面にある雪が融けると、この渓流も水かさを増して堂々たる河となり、そのおびただしい水量は粘土台地から泥をさらい、下をえぐるのである。やがて秋になって、水位がまたさがると、洗い流された台地がもとあったところには、高度に発達した工芸品の遺物がみつかるのである。

（『アジアの砂漠を越えて』）

ヘディンの記した渓流は、一八七〇年頃に墨玉《ぼくぎょく》河から街の中にひいた灌漑用水路でした。

次にイギリスのスタインは、一九〇〇年と一九〇六年の二回、ヨートカン遺跡を発掘調査しています。春から夏にかけての雪解け水が濁流となって、厚さ八メートルの黄土を流し、水位が下がると、そこに様々な文物が露出する、それこそが古代遺跡がそこにあった証しであり、その古代遺跡こそホータン王国の王城、「西城」だとスタインは考えたのです。

手掛かりは、『法顕伝』と『大唐西域記』にもあります。どちらにも、王城から西方二、三キロのところに、大きな寺院があったと書かれているのです。

王城の西方七、八里【当時の一里＝四百〜五百メートル】に王新寺という僧伽藍がある。建ててから八十年になるが、建造には三代の王を経てはじめて完成したという。高さは二十五丈ばかり、文様をほり、透し彫りを刻み、金銀で上をおおい、多くの宝で作っている。

（『法顕伝・宋雲行紀』長澤和俊訳注）

王城の西方五、六里の所に娑摩若《サマニャ》僧伽藍がある。中に窣堵波《ストゥーパ》の高さ百余尺のものがある。甚だ霊瑞多く、時に神々しい光を放つことがある。その昔、ある一人の羅漢が遠方からやって来てこの林の中に止まり、神通力で大きな光を放ったことがあった。その折、王は夜分に重閣に居り、林の中に光明が照り輝くのを遥かに目にした。そこでみなに尋ねると、悉《ことごと》くの者が、「ある沙門が遠方から来て、林の中で坐禅を組み神通力を現わしているのです」と答えた。

（『大唐西域記――玄奘三蔵の旅――』）

この二書に表記されている寺院の名は違うものの、ホータンに初めて仏教が伝来したことを示す大寺院であり、おそらく同一のものだとスタインは考えました。スタインはその所在を探しはじめ、ついにピッタリの寺院をみつけたのです。

その地点こそ玄奘が旅行記【『大唐西域記』】で参詣したと述べた首都近郊の仏教大寺院の跡にちがいないと、私は断言して憚らない。十一月二十八日の朝、これら聖なる古跡の位置が確認できればと、私はヨートカン西方の村の調査に出かけた。いちばん近くにあったのは、仏塔《ストゥーパ》と「サモジョー」という僧院で、市街地から西へ五、六里（一マイル強）の距離にある巡礼地であった。これはさまざまな奇蹟を顕わした末、この国の初期の仏教徒の王から特別の尊敬を勝ち得たひとりの阿羅漢《アルハト》を記念して建てられたものである。（中略）それだけに、西方の村々でソミヤという名前が出たのを聞いた時は嬉しかった。これは漢字で「娑摩若《サモジャー》」と書く古い地名が直接転訛したものであることがその他の音声学上の類推からわかったからだ。

（『砂に埋もれたホータンの廃墟』）

スタインはこれにより、ヨートカン遺跡が古代ホータン王国の王城「西城」であると確信したようです。

マリクワト遺跡の出土品

一方、中国の考古学者・黄文弼が提唱したのが、マリクワト遺跡こそ王城であり「西城」であるという説です。

マリクワト遺跡は、ホータン市街地から南へ二十五キロ、崑崙山脈（タクラマカン砂漠の南に横たわる巨大山脈）の北麓に接し、名産品の玉を産出する白玉河《はくぎょくが》の西岸の段丘の上にひらけた、東西〇・八キロ、南北一・五キロの広大な遺跡です。こちらはほとんどが平地化して、今では遺跡らしき大きな建物は見当たりません。

黄文弼は一九二七年から一九三〇年まで、ヘディン最後の中央アジア探検となった西北科学考査団に、中国人考古学者として参加しました。当時、北京大学を卒業して九年目、少壮の考古学者は、やがて中国におけるシルクロード研究に大きな足跡を残すことになります。

一九二九年六月、黄文弼はマリクワト遺跡の調査に入りました。漢代の貨幣・五銖銭《ごしゅせん》をはじめ、陶片、石器、仏像、焼け焦げた柱など、多くの文物を発掘しました。そしてこの地を王城「西城」と考えるようになったのです。

二つの説のどちらが正しいのか、まずはこの二つの遺跡から出土した文物を比較してみたいと思います（『新疆文物古跡大観』『絲綢之路・新疆古代文化』より）。

・ヨートカン遺跡　陶俑《とうよう》、ガラス製品（トンボ玉、ローマングラス）、真珠、リュトン（角状の杯）、黄金製の鴨、金の延べ薄板、砂金の入った大甕二十七個、印章

・マリクワト遺跡　建築物残片、陶片、四十五キログラムの五銖銭、金箔の塑像、壁画残片

ヨートカン遺跡の方は、世俗的な勢力の遺跡の可能性がうかがえます。

一方のマリクワト遺跡の方は不明な点が多く、王城説のほかに砦跡説、夏の王城説、大寺院説など、今でもさまざまな説があります。先述した『新疆之謎』著者の楊新才氏は、「ヨートカン出土の宝物の数は、新疆のどの遺跡に比べても、特別に多い。スタインが考えるように、ヨートカン遺跡は、古代ホータン王国の『王都』だったのだろう

か」と書いていますが、結論は今後の研究を待つしかありません。いまだにその決着はついていないのです。皆さんはどう思われますか？

第五章　建国の夢が滅びの始まり——ソグド人の悲劇

西域ブーム

中国の長い歴史の中に、西域ブームと言えるような時期が何度かあります。古くは『続後漢書「五行志」』に記された、後漢第十二代皇帝・霊帝《れいてい》（在位一六八〜一八九年）の時代、都・洛陽における胡風の流行（西域ブーム）です。

【霊帝は、】胡服《こふく》・胡帳、胡牀《こしょう》（椅子）、胡坐《こざ》【あぐら】・胡飯《こはん》・胡空侯《こくご》（ハープ）・胡《こ》笛《てき》・胡舞《こぶ》などなんでも胡風のものを好んだので、都の貴族たちがみなこれにならった。

（『世界の歴史10「西域」』羽田明・山田信夫・間野英二・小谷仲男著）

「胡」という字の意味は、ここでは西域という意味です。王侯貴族の間で、西域ブームが起きていたのです。二世紀の半ば、安息国の王子・安世高《あんせいこう》や、大月氏国（クシャーン朝）の僧侶・支婁迦讖《しるかせん》が仏教の布教のために洛陽を訪れていたこと、また大月氏国から数百人もの移民団が同じく洛陽を訪れていたことなどが背景にありました。恐らく、第一次西域ブームともいえるこの時代、都・洛陽は遠く西域からの紫髯緑眼の民であふれていたことでしょう。

しかし最大のブームは唐の時代、いわゆる「長安の春」（中国四千年の歴史の中で、最も繁栄した時代）と呼ばれる、第六代皇帝・玄宗（在位七一三〜七五六年）の開元・天宝年間、盛唐の時代におこりました。

大唐の都・長安は、当時、西のバグダッドと並び、世界でも一、二を競う国際都市でした。長安城全体を囲む、一番外側の城壁である「外城」は東西の長さ九・七キロ、南北の長さ八・七キロで、周囲の全長は三十六・八キロもあり、皇族の住まいや中央政庁のある北の「宮城」への門は、「朱雀門」と呼ばれていました。この朱雀門からまっすぐ南へ五キロ、道幅百五十メートルの「朱雀大路」が、一番外側の明徳門へとつながっています。この大路を境にして城内は東西に分かれており、東には「東市」、西には

「西市」という国際色豊かな市場がそれぞれありました。

この西市に、ラクダのキャラバン隊によって西方の物産が続々と運び込まれました。西方の五十か国を超える国々の物産を売る店が軒を連ねており、東西が一キロ、南北も一キロという巨大な市場でした。売買されたのは、地中海産の赤珊瑚、バルト海沿岸の琥珀、バクトリア・バダフシャン地方の瑠璃（ラピスラズリ・青金石）、ホータンの玉、ペルシアの金銀細工、インドの象牙細工、真鍮、東ローマのガラス細工、ペルシアの錦、羊毛、香料、薬、楽器など、実に多様でエキゾチックな物産でした。

西市の北側には、道幅百二十メートルの広い道が横たわり、その道は西は金光門から東の春明門まで、長さ九・七キロにも及んでいました。西市から東へむかってこの道を歩いていくと、北側には皇城に入る朱雀門がそびえています。朱雀門をくぐると、西側に外国の使節を接待する鴻臚館《こうろかん》があり、その隣には外交使節用の宿泊施設がありました。長期滞留のペルシア人、イラン系のソグド人が数千人はいたという長安ですから、このあたりでも彼らの姿は目にすることができたでしょう。

朱雀門をくぐった東側には太常寺《たいじょうじ》という、今の日本でいえば文科省にあたる役所がありました。ここには太楽署《だいがくしょ》というセクションがあり、宮廷の音楽、国の礼楽を司っていました。いつも激しいリズムを刻む鼓の音、篳篥《ひちりき》や排簫《はいしょう》、ハープなどが奏でるエキゾチックなメロディーが流れていました。西域やペルシア、ソグドの胡楽は、都人ばかりか、皇帝の心をも魅了していました。玄宗その人も胡楽を愛し、楊貴妃と共に朝から昼まで合奏を続けたと記されています。

帝は羯鼓《かっこ》、楊貴妃は琵琶、馬仙期《ばせんき》は方響《ほうきょう》、李亀年《りきねん》は觱栗《ひちりき》、張野狐《ちょうやこ》は箜篌《くご》、（中略）朝から正午までつづけた。
（『楊太真外伝』、『シルクロード』林良一著）

方響という中国の伝統楽器を除けば、いずれも西域の楽器です。この頃の宮廷音楽は、西域の音楽、特に亀茲楽がその中心にありました。

道の南側には、唐代の国立学校、国子監《こくしかん》がありました。国内外の学生、留学生が学んだところで、日本からの留学生である阿倍仲麻呂（六九八〜七七〇年）もここに学びました。

さらに東の春明門、延興門界隈（特に、平康坊と呼ばれる一角）には、李白の漢詩などによれば、胡姫たちが手招きする酒楼、高昌《こうしょう》国（現在のトルファン）産のとびきりの葡萄酒が味わえる酒肆《しゅし》が立ち並んでいたといいます。

唐代の詩人・元稹《げんしん》（七七九〜八三一年）は、その流行ぶりを次のように記しています。

> 胡騎、煙塵を起こしてより、
> 毛毳《もうぜい》・腥羶《せいせん》・咸洛《かんらく》に満つ。
> 女は胡婦となりて胡妝《こしょう》を学び、
> 伎は胡音を進めて、胡楽を務む。（中略）
> 胡音と胡騎と胡妝と、
> 五十年来、紛泊を競う。
> ※毛毳（毛布）、腥羶（腥《なまぐさ》い匂い）、咸（長安）、洛（洛陽）、胡妝（胡婦の化粧）、紛泊を競う（入り乱れて競い合う）
> （『元氏長慶集』巻二四、『シルクロード』長澤和俊著）

西域やペルシアの魅力に魅了されていく、都人の心や世相を生き生きと写しとっています。

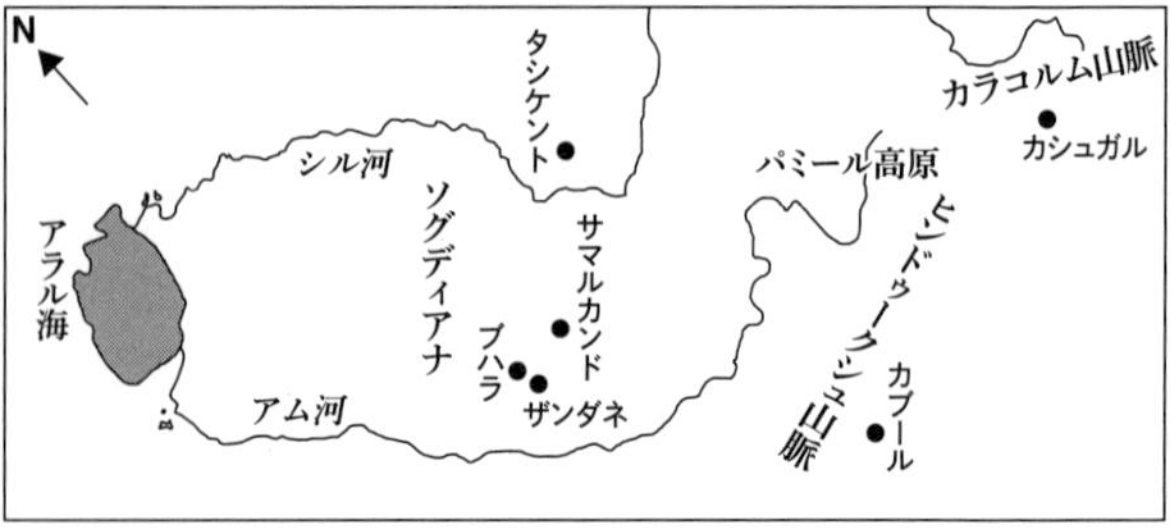

立役者はソグド人

唐の時代の「胡人」は、従来の西域の民という意味だけでなく、ペルシア人まで含む広い意味に変化してきています。しかし最近の研究では、「胡人」の実態はアラル海にそそぐアム河（アム・ダリア）とシル河（シル・ダリア）の間の大地、ソグディアナを故郷とする人々、商業にたけ、国際商人と呼ばれるソグド人だということが判ってきました。

玄奘三蔵はその昔『大唐西域記』に、当時ソグディアナと呼ばれた中央アジアの中心的オアシス都市・サマルカンドの特徴をこう記しています。

土地は肥沃で農業が十分行きとどき、木立ちはこんもりとし花・果《なりもの》はよくしげっている。良馬を多く産する。機織の技は特に諸国よりすぐれている。（中略）すべての胡国は一ここをその中心としている。（『大唐西域記――玄奘三蔵の旅――』）

わし鼻で深い目、髯が多いとされるイラン系のソグド人は、謎の多い民族でしたが、一九八〇年頃から、その足跡を物語る考古学的史料が各地で発掘され、同時に解読不能だったソグド語も解読されるようになってきました。

その結果、唐代の対外全面開放政策にのって、唐王朝の全盛期・長安の春を演出したのは、西方五十か国を超える国々の物産を長安に運び、また、長安の絹、漆器、宝石、薬品などを西方の国々へもたらしたソグド人だったということが判ってきました。

成功の秘密

ユーラシア大陸を股にかけたソグド商人の大活躍が始まるのは、ササン朝ペルシアの台頭と深いかかわりがあります。

二二六年、パルティアを破って登場したササン朝ペルシアは、二四二年にはクシャーン朝も破り、クシャーン朝が一手に支配していたローマ・インド・中国との国際権益をも奪い取ったのです。この結果、クシャーン朝下で活躍していたインド商人に代わって、中央アジアのソグディアナの民・ソグド人の活躍が始まりました。
ソグド語研究の第一人者・京都大学の吉田豊名誉教授は、サマルカンドの東へ旅立つ門がやがて「中国門」と呼ばれるようになったことを指摘しています。吉田教授は、国際商人としてのソグド人の成功の秘密を次のように記しています。

1　シルクロード沿いにコロニー、植民集落を建設したこと
2　突厥《とっけつ》やウイグルなどの遊牧騎馬民族の中に入り込んで彼らを背後で操ったこと
3　東西の文化・技術の交流を促したこと
（『NHKスペシャル　文明の道　3』「ソグド人の世界」）

ソグドのキャラバンは大規模な隊を組んで、遠い長安へ行くことのリスクを避けました。ソグド人の植民集落、あるいは居留地がクチャ、トルファン、敦煌など三十か所もあったことが判ってきました。一つの植民集落まで届け、そこが次の集落へと次々とバトンタッチしていく中継方式により、リスクを分散したのです。同時にこの販売ネットワークは、どこで、何を、どのくらい必要としているかの情報ネットワークも兼ねてい

ました。

時の支配者の力を借りて、販売戦略を構築するという高等戦術も実に巧みでした。たとえば六世紀の半ば過ぎ、ソグド使節団長のマニアクは、北方草原地帯で力のあった突厥王の力を背景に、東ローマ帝国への絹の売り込みに成功し、莫大な利益を上げています。中国との交易も同様で、五世紀から八世紀、南北朝の時代から隋・唐の時代にかけ、シルクロード交易はソグド人による独占化の時代を迎えていました。

絹織物の二つの技法

シルクロードを運ばれたシルク、絹織物の変遷にも、ソグド人は大きな影響を及ぼしました。

楼蘭遺跡の近くから出土した「長寿明光錦」と呼ばれる漢錦《あやにしき》は、龍が随所に織り込まれているため、「交龍文錦」ともいわれ、龍と龍との間隙には、吉祥をもたらす四つの文字「長」「壽」「明」「光」が織り込まれています。楼蘭周辺でイギリスの探検家、スタインが発掘した漢錦も、文様は交龍文で漢字があしらわれており、モチーフは一緒です。

シルクロードの幕開けの頃、西域や中央アジア、北西インドの国々に中国が贈った錦は、いずれも漢錦で、その製法は、経錦《たてにしき》と呼ばれる織り方のシンプルなものでした。

この二つと、序章でご紹介した法隆寺の「四騎獅子狩文錦」とを比較すると、およそ五百年という製作年代の開きだけでは片付けられない、もっと根本的な異質性がみられます。もとはといえば同じ中国の風土に生まれたものですが、なぜこれほどまでの異質性を孕《はら》むのかといえば、その製造方法が違うからに他なりません。

ドイツの地理学者、アルベルト・ヘルマンが主張したように、漢錦は後漢王朝時代の一、二世紀には、エジプト、シリアなど、地中海東岸の世界一帯にまで広がっていたと考えられています。シルクロードの織物文化研究者である坂本和子博士は、著書『織物に見るシルクロードの文化交流』の中で、この時代、ユーラシア大陸には三つの織物文化圏があったと指摘しました。

まず、大陸の東南部、農耕地帯に発達した絹織物文化圏です。代表的なのは中国と日本で、中国では紀元前三五〇〇年には絹織物が出現し、前漢時代には漢錦の織り方、経錦の技法が完成の域に達していたとされます。

次はインドの農耕地帯を中心とする綿織物文化圏です。インダス文明発祥の地、モヘンジョダロ遺跡から、紀元前一七五〇年頃の綿織物が出土しています。

そして遊牧・牧畜地帯に発達した毛織物文化圏です。毛織物は、羊・山羊・ラクダなど、飼育している動物の毛を撚《よ》り、紡いだ糸で織りなします。代表的な地域は、東地中海周辺（シリア・エジプトなど）、西アジア（ペルシア・パルミラなど）、中央アジア、南シベリア等の遊牧・牧畜地帯となります。更に坂本博士はこう記しています。

紀元2世紀頃まで地中海東部（ローマ帝国東方領・パルミラ）には、中国が生産するような絹織物は存在しなかった。そこでこの地域では、プリニウスが述べるように「セーレスの絹（中国の絹）をほぐして更に織り直」したり（中略）「セーレスの杼《ひ》で密に織られた絹をエジプトのお針子が解いてゆるくした」りして絹織物を得ていた。このような加工の手間を加えていたのは、中国の絹織物、特に経錦は密に織られているので、一旦ほぐして平織や斜文織に織り直すことで3倍以上の大きさとなり、多くの利を得ることが出来たからである。

（『織物に見るシルクロードの文化交流』坂本和子著）

杼とは、緯糸《よこいと》を通す道具のことです。

『三国志』（巻30　魏書・魏略・大秦（ローマ）の条）には「（大秦は）いつも中国の絹糸を買って利を得、糸を解いて胡風の綾を織る。ゆえにしばしば安息らの諸国と海上で交易をする」とあります。

ここで注視すべきは、二世紀以前、東地中海一帯では中国のような絹織物が生産できなかったこと、そして漢錦がやっと出回り始めたのは、二世紀以後だったということです。ローマがその漢錦をほぐして、糸にして絹織物に織り直していたのは、その利益が大きかったからではないでしょうか。織り方は、中国の伝統的な「経錦《たてにしき》」ではなく、緯糸主体の毛織物の技法、緯錦《よこにしき》だったと思われます。

中国の漢の時代に成熟した経錦の技法では、長く強い経糸を色糸にします。そこに緯糸を組み合わせ、色糸の色を表面に出したり隠したりすることによって文様を織り出していきます。この技法は途中で色糸を変えることができません。したがって雲の動きを表す「雲気文」とか、お目出度い瑞祥の龍の文様「交龍文」のように、素朴で小さな文様が中心となります。複雑なデザインを織り込むことはほとんど不可能でした。

一方、西アジアや地中海沿岸で織られていた毛織物の場合ですが、毛糸は生糸に比較してかなり弱かったため、毛織物では経糸を色糸にすることが難しく、緯糸を色糸として、この緯糸を様々に変えながら文様を作り出していきました。この地域では、中国から生糸が手に入るようになっても、色糸は緯糸のままで文様を織り出しました。この技法であれば複雑な動物文様なども織り出すことが可能になるのです。こうして新しい絹織物「緯錦」が、シリア、パルティアなど東地中海沿岸地域の毛織物文化圏に芽生えました。それは、ペルシアも含めた西アジア全域で人気となりました。

国際商人ソグド人が運んだ絹織物

四世紀半ば、この緯錦による絹織物業が更に発展し始めました。

ササン朝ペルシアの第十代皇帝・シャープール二世（在位三〇九～三七九年）は、ローマとの戦いに勝利し、その支配を西へ拡大した時、多くのシリアの職工たちをペルシアの王室工房へ連行しました。彼らが伝えた新しい織り方によって生まれたペルシア文様が、ユーラシア大陸全体に大流行した連珠文です。いくつもの小さな円球を丸く連ねて、大きな円形を描き出すのです。さらにその円形文様の中に、ダイナミックな動物（猪、鹿、獅子など）や鳥（鴨、鷹など）を織り込みます。

エジプトのアンティノエで発見されたペルシア錦「連珠天馬文錦」の文様などは、ペルシアで織られた典型的なペルシア錦（緯錦）です。東地中海沿岸で芽生えた新しい絹織物の織り方、緯錦は世界の織物市場で揺るぎない地位を確保し始めました。

当時、ペルシアから東へ、アム河を渡れば、国際商人といわれたソグド人の故郷、ソグディアナでした。ソグディアナの代表的なオアシス都市としては、ペンジケント、サマルカンド、ブハラなどがあります。ソグド人は前述したように、独特の販売・情報収集のネットワークを持っていました。人々が何を欲しているのか、いち早く世界のニーズを把握していたのです。

ブハラ郊外にザンダネという村があります。今も街路樹はすべて桑の樹で、養蚕が盛んなところです。当時、この村から「ペルシア錦」の影響を受けた「新しい様式の錦」が世界市場に登場しました。この「錦」は、村の名前をとって「ザンダニジ錦」と呼ばれるようになります。そして、その販路はユーラシア大陸全域に及んでいました。その販売担当が国際商人のソグド人でした。

隋の文帝に見込まれたソグド人

ザンダニジ錦の文様は、ペルシアが開発した文様・連珠文の中に、樹木を中心軸に置き、その左右に動きのある動物や鳥の図柄を左右対称に織り込むという、さらに新しいものでした。西はベルギーの教会から発見された例もありますし、北カフカス、ペルシア、東はインド、高昌国、そして中国・中原へとユーラシア大陸全体に広がっていたことが、各地に残されたザンダニジ錦からわかっています。

なかでも、中継貿易の拠点で、ソグド人のコロニーもあった高昌国では、王侯貴族の墳墓、アスターナ古墳群を中心に、実に多くのザンダニジ錦が出土しています。

隋の正史『隋書』「何稠《かちゅう》伝」によれば、初代皇帝の文帝（在位五八一～六〇四年）は、ペルシアから献上されたおそらくザンダニジ錦と思えるペルシア錦の美しさに驚嘆し、「同じものを作れ」と何稠に命じました。

この何稠ですが、ソグディアナにあったオアシス国家の一つ、何《か》国から中国に移住した三代目のソグド人で、隋王朝の朝廷用の工芸品を調製する細作署の長官でした。彼は当時の西の毛織物文化圏では既に一般的に使用されていた、空引機《そらびきばた》という織り機を使って、緯錦の技法でそれを織り出したと伝えられています。空引機とは、従来の一人一台の織り機とは違い、二階建て構造で、二人で一台の織り機を動かす仕組みのものです。通常織り手の座る上部にやぐらを組み、そこにもう一人の織り手の作業スペースが設けられています。この部分が〝空引き〟といわれる由縁です。経糸は下の織り手が担当し、色糸となる緯糸は上の織り手が担当。二人が息を合わせて精緻でダイナミックな文様を織りなすものでした。何稠は献上されたペルシア錦よりも、さらに立派なものを作ったといいます。文帝は大変喜びました。錦の発祥の地・中国の面子《メンツ》をかけた、巻き返し戦略の始まりでした。これ以後、中国でも日本でも、何稠の技法が一般的になり、漢代の経錦は、その後一切、姿をみせなくなりました。

命じた隋の文帝には、失った絹織物市場の覇者の地位をもう一度取り戻さねばならないという意地が、そして命じられた何稠には、新しい物を作りだそうとする創作者の持つある種の気魄があったのではないでしょうか。

ソグド系だった安禄山と史思明

こうして中国・中原でも活躍したソグド人は、唐の玄宗皇帝の時に全盛期を迎えた「長安の春」を謳歌しました。しかし、そうしたソグド人の繁栄は、七五五年に起きた唐王朝最大の事件、安史の乱によって終わりを迎えます。

安史の乱は、安禄山《あんろくざん》（七〇三～七五七年）と史思明《ししめい》（七〇三～七六一年）の二人による反乱でした。安禄山の父はソグド人、史思明もソグド出身といわれています。

玄宗皇帝に可愛がられた安禄山は、寵姫・楊貴妃の養子になるほどでした。七五五年、この安禄山と史思明の二人が武装蜂起し、洛陽、長安は陥落します。安禄山は洛陽で「燕《えん》」の皇帝として即位を宣言しました。玄宗皇帝は蜀（現・四川省）へ逃亡。その途上、楊貴妃の親族だった宰相・楊国忠《ようこくちゅう》への不満を持つ兵士たちの要求によって、楊国忠および楊貴妃は殺されました。

やがて安禄山と史思明も、内部抗争が相次ぐ中、それぞれ自分たちの息子によって殺されます。この大叛乱が終息したのは八年後の、七六三年。玄宗の孫、第八代皇帝代宗（在位七六二～七七九年）になってからのことでした。中国全土で唐王朝によるソグド人への弾圧、そして殺戮と粛清という大嵐が吹き荒れたと伝えられています。唐は勝利したとはいえ、もはや昔日の面影はありませんでした。長安の春は遥か昔となり、盛唐の時代が去るのと重なるようにして、シルクロードによる華やかな東西交易の時代も衰退へと向かいます。一方ソグド人も、その居留地を追われ、いつしか歴史の表舞台から消えていったのです。

第六章　奪われた王女――亀茲王、烏孫王女を帰さずに妻とする

大国の狭間で

古代シルクロード幕開けの頃の話です。

広大な中国を統一した前漢王朝（漢）と、北辺の草原地帯を支配していた匈奴は全面戦争に突入しました。早くから「西域三十六か国」を支配していた匈奴に対して、漢王朝は河西回廊を匈奴から奪い、そこに四つの軍事拠点（河西四郡――東から武威、張掖、酒泉、敦煌）を設け、西域三十六か国に通じる官制シルクロードを推し進めようとしていました。

超大国であった匈奴と漢の間に挟まった国々の悲哀は、現代にも通じるものがあります。長安に連行されていた楼蘭王は、匈奴にも人質を送っていることを漢王朝・第七代皇帝の武帝に責められると「小国は大国の間にあり」と、両方に属さねば平安ではいら

れないことを訴えました。武帝は、楼蘭王のこの言を、《率直なり》と評価し、国に帰したと記されています（『漢書』「西域伝」）。

時にはどちらにもよい顔をしなくてはならないのは、小国の悲しさです。

ところが、当時人口八万余りだった亀茲《きじ》王国（現・新疆ウイグル自治区アクス地区庫車県）は、小国の辛酸をなめ続けた……と思いきや、意外にも西域三十六か国の象徴的な王国として生き延びることができ、三〜四世紀には大繁栄を迎えました。

当時の西域三十六か国の国々を、人口の多い順に並べてみると、第一位は、イリ河流域に遊牧する人口六十万の烏孫《うそん》です。天山山脈の北にいた遊牧民族でした。第二位は汗血馬で知られるシル河上流の盆地・フェルガナ（中国名は大宛）の人口三十万。そして第三位が亀茲国の八万人余でした。一位、二位とは比較にならない人口といってもよいでしょう。ましてや当時、人口六千万人ほどの超大国の漢王朝や、人口二百万人ほどと考えられる匈奴の相手には無論なりません。

この亀茲王国が、なぜ、どのようにして活路を開いたのか——それは当時の亀茲王が一人の王女を奪いとり、后としたことから始まりました。

結納は名馬千頭

漢の武帝は遊牧国家・烏孫に対し、匈奴を挟み撃ちにしようと持ち掛けるために、使者として張騫を遣わしました。使節団は、三百人という大規模なもので、兵一人に馬二頭、他に食糧用として牛、羊は万をもって数えるほどでした。更に、多くの金や絹も携えていました。この情報はあっと言う間に匈奴に伝わったようです。烏孫と漢は通じ合っていると反撥した匈奴は、烏孫を攻撃しようとしました。

もともと、匈奴による西域諸国への支配は、税の徴収を専らにしていたようですが、その取り立ての厳しさは苛斂誅求《かれんちゅうきゅう》を極めていました。一方の漢王朝は、西域諸国にとっては新しく登場した超大国で、税の取り立てやその他の対応は未知数です。

烏孫は匈奴を恐れて、漢へ使者を立て、名馬を献じて、

「漢の公主（皇女）をめとって兄弟分になりたい」

と願い出ます。第七代皇帝・武帝は群臣を集め、諮問し評議をした上で、烏孫からの使者へこう伝えました。

「まず婚姻の聘《へい》（結納）を入れよ。その上で女《むすめ》をつかわそう」

烏孫は、名馬千頭を結納として入れました。年老いた烏孫の国王・昆莫《こんばく》は「これでもう、匈奴から攻められることはないだろう」と、胸を撫でおろしたに違いありません（『漢書』「西域伝」及び「張騫・李広利伝」）。

言葉も通じない老人に嫁ぐ

『漢書』「西域伝」は国史には珍しい、次のような記述を残しています。この結婚は政略結婚であり、都から遠く離れた秘境の地に、しかも自分の父親より年上の烏孫国王に嫁いだ公主の悲しい物語なのだ、と……。実は、その役を担わされたのは皇帝の娘ではなく、武帝のいとこである江都王・劉建の女《むすめ》「細君」でした。

漢の元封年間【前一一〇～前一〇五年】、江都王・建の女「細君」を公主と（いうことにして）して烏孫に遣わし、昆莫にめあわした。乗輿《じょうよ》・衣服など御用の品々を賜い、公主のために属官・宦官・侍者数百人を供えて、贈送《おく》ることははなはだ盛大であった。烏孫の昆莫はこれを右夫人とした。匈奴もまた女をつかわして昆莫にめあわせ、昆莫はこれを左夫人とした。

公主はその国に到着すると、みずから宮室をととのえてそこにおり、歳時《きせつ》ごとに一、二回昆莫と会い、酒宴を設けて飲食し、幣帛《へいはく》【引き出物の絹】を王の側近や貴人に賜うた。昆莫は老人であり、言葉も通じないので、公主は悲愁し、みずから歌を作った。その歌にいわく、

わが家われを天の一方に嫁《か》せしめ、
遠く異国に烏孫の王に託したり。
天幕を部屋とし毛氈を壁となし
肉を食物《たべもの》とし酪《ちちしる》を漿《のみもの》となす
常に憂愁して本土を思い心内《こころ》傷む
願わくは白鳥となりて故郷に帰らん

天子はこの歌を聞いて憐れみ、隔年に使者を遣わし、帷帳《いちょう》・錦繡を持たせて公主に賜うた。

昆莫は年老いたので、その孫の岑陬《しんそう》に公主をめあわそうとした。

（『漢書』「西域伝」小竹武夫訳、要約）

烏孫王は匈奴からも漢からも妻を娶《めと》りました。しかし、漢から来た細君と烏孫王とは、年も離れていて、言葉も通じません。やがて細君は、夫だった昆莫の孫に、妻として譲られようとしたのです。

二代目の王妃も二度結婚

当時、遊牧民族の間では、夫を亡くした妻が、亡夫の後継者となる義理の息子や義弟等と再婚することは、よくあることでした。しかし漢民族の間ではそれは忌むべき、野蛮な習俗です。細君は抵抗しましたが、しかし叶わずに、義理の孫にあたる岑陬と再婚させられ、一女を得ました。

岑陬は江都公主をめとって一女・少夫《しょうふ》が生まれた。公主が死ぬと、漢はまた楚王・戊《ぼ》の孫女・解憂《かいゆう》を公主として、岑陬にめあわせた。岑陬と匈奴妻との間に生まれた子の泥靡《でいび》がまだ幼少だったので、岑陬は死に臨んで国を叔父・大禄の子、翁帰靡《おうきび》に与える

> こととし、「泥靡が成人したら、国を返してやるように」と言い残した。
> 翁帰靡は王に立った後、肥王と号し、解憂をめとり、三男二女が生まれた。長男は元貴靡《げんきび》、次男は万年《ばんねん》といい、【後に】莎車《さしゃ》【西域南道のオアシス都市・現在のヤルカンド】王となった。三男が大楽《だいらく》といい、左大将となった。長女・弟史《ていし》は亀茲王絳賓《こうひん》の妻となり、末女・素光《そこう》は若呼翎侯《じゃくこきゅうこう》の妻となった。
> （同書、要約）

「細君」が亡くなると、同じ元封年間のうちに、「解憂」が岑陬のもとに嫁いできました。やはり公主（皇女）ではなく、楚王・戊の孫娘・解憂でした。彼女のその後の人生もまた「西域伝」が記すように複雑でした。

最初の夫が亡くなると、その跡を継いで王となった、夫の叔父・大禄の子である翁帰靡に嫁がされ、五人の子を産みました。嫁いでから四十年、烏孫の地で解憂は過ごしました。その間、どのような気持ちでいたのか……。「西域伝」の中で、私たちが知り得るのは、次の一か所だけです。

「烏孫は両端を持しており、約束結託しがたい。さきの公主【解憂】は烏孫にあること

四十余年になるのに、恩愛の情親密ならず、辺境まだ安きを得ず、これらは既往の事実の験《あかし》である。（同書）

「烏孫は両端を持して」という記述の意味は、国王は親「漢」派だが、家臣の中には親「匈奴」派もいて、両派に分かれていたということです。従って四十年経っても、公主・解憂の心情は「恩愛の情親密ならず」、その背景には、辺境の地・烏孫の国内が安定とは程遠いという状況がありました。『漢書』は、強国である人口六十万の烏孫でさえも、国情は複雑であったことに言及しておきたかったのではないでしょうか。

長安と烏孫の途上にあった亀茲王国

天山山脈の北麓で遊牧する烏孫の人々は、古代シルクロードの幕開け以後、しばしば中国・中原の都、長安や洛陽を訪れていますが、超大国・匈奴の支配地を通ることは避けたようです。

当時の烏孫の都は、「赤谷城」と呼ばれていました。現・キルギスの美しい湖・イシククルの湖底の遺跡をはじめ、説としてはいろいろありますが、残念ながらその場所は今も判らず、遺跡も発見されていません。中国の歴史書の記述から、天山山脈の北麓にあったことだけは、確かだと思われます。

烏孫の人たちが中国・中原の都、長安や洛陽へ向かう際の道順は、次のようであったと考えられます。

赤谷城を出て、イリ河沿いに上流へと遡り、天山山中のいくつかの峠を越えて、大沙漠（現・タクラマカン砂漠）の北端に出ます。この沙漠と天山山脈の間に開けたオアシス国家が亀茲国でした。この王国の街中を東西に走る道が、「西域北道」とも「天山南路」とも呼ばれる、代表的な「古代シルクロード」の幹線路です。

おそらく、漢と烏孫の同盟の誼《よしみ》として烏孫王のもとに嫁いだ第一代公主・細君も、第二代公主・解憂も、この亀茲王国を通って、南北五、六百キロメートルの巨大山脈、四季を通じて万年雪をいただく厳しい天山山中へと入っていったのでしょう。

一方、史書の何処にも記されていませんが、この公主一行を亀茲王以下、役人、将校など多くの人々が見送っていたに違いありません。その時、亀茲王は、何を感じ、どう考えていたのでしょうか。二つの超大国、漢と匈奴のはざまにあって、それぞれとどう距離をとれば良いのか、大国・烏孫の王でさえ悩みに悩みました。一歩間違えば、国王どころか、国そのものが危うくなるからです。

攻め込んできた漢

亀茲国の人々が二代目公主・解憂の嫁入りを見送った時から、およそ四十年後。亀茲国では先代の王が没して、その息子が継いでいました。王の名は絳賓《こうひん》です。

この絳賓の時の紀元前七一年、漢の将軍・常恵《じょうけい》率いる五万の兵が、突然、亀茲国へと攻め込んできました。攻撃の理由は二つありました。

一つは三十年も前のことでした。将軍・李広利が大宛遠征から凱旋帰国の際に、亀茲国の西南にある扜弥《うび》国（人口二万四千人。東北に亀茲国、西に于闐国があった）に立ち寄り、発覚した人質事件でした。扜弥国の太子・頼丹《らいたん》を、亀茲国が人質にとっていた、どちらも漢に朝貢する国でありながら、なぜ、亀茲国は扜弥国から人質をとっているのか……あるまじきことだというのが、その罪状でした。

もう一つの理由は、六年前にその扜弥国の太子・頼丹を亀茲王国が殺害したという罪状でした。将軍・李広利により長安に救出された頼丹を、漢は亀茲王国の東隣の地（輪台）に、屯田兵の責任者・将軍として送り込んできました。ところが警戒のあまり、亀茲王国は、その頼丹を殺してしまいます。当時、漢王朝の怒りを恐れた亀茲王は、書をしたため陳謝をし、ことを収めようと考えました。以来、何事もなかったため、亀茲側としては、六年前に片付いた事件だと思っていた筈です。

頼丹が殺害された紀元前七七年は、西域史にとって重要な事件がもう一つ起きていました。当時の漢王朝の最高権力者・霍光《かくこう》将軍の命令で、匈奴寄りの楼蘭国王が暗殺されたのです。漢は長安に人質としてとっていた楼蘭国王の弟を新たな国王とし、国名も「楼蘭」から「鄯善《ぜんぜん》」へと改名させました。この時をもって、「楼蘭」という名の国は、歴史の表舞台から消えてなくなりました。

同じ年に起きた二つの事件。いずれも漢王朝の西域経営の根幹にかかわる、人質が絡んだ事件でした。『漢書』「西域伝」はこう語っています。

将軍・李広利が大宛を討って帰る時、扜弥国を通過した。扜弥は太子・頼丹を亀茲国につかわし人質としていた。広利は亀茲を責めて「外国はみな漢に臣属しているのに、亀茲はどうして扜弥の人質を受けているのか」と言い、さっそく頼丹を漢に入れるため長安に連れてきた。昭帝【前漢・第八代皇帝、在位前八七～前七四年】はそこで

（中略）扜弥の太子・頼丹を将軍とし、輪台に屯田させたが、輪台と渠犂《きょり》【亀茲国領】は互いに地続きであった。亀茲の貴人・姑翼《こよく》が王に言った。「頼丹はもともとわが国に臣属していたのに、いま漢の印綬【官印と紐】を佩《お》びて来て、わが国に迫り屯田しているからには、きっと害をなすにちがいありません」

亀茲王はただちに頼丹を殺し、上書して漢に陳謝した。漢はまだこれを征伐することができなかった。

宣帝【第九代皇帝、在位前七四～前四九年】の時代、常恵（※）が烏孫に使いして帰る時、便宜上、諸国の兵を徴発し、計五万をもって亀茲を攻め、頼丹を殺したことを責めた。亀茲王・絳賓は詫びて、「それはわが先王の時、姑翼のため誤らされたもので、私に罪はない」と言い、姑翼をとらえて常恵に引き渡した。常恵はこれを斬った。

（同書、要約）

※紀元前七二年、烏孫と共に匈奴を討つ。功をあげ長羅侯となる。

陳舜臣氏はその著『西域巡礼』で頼丹の件を「あまり関係のよくなかった漢と亀茲は、このように頼丹殺害の件が片付いてから、急速に友好的になった」と締め括っています。

この事件は漢と亀茲の歴史のターニングポイントになりました。

亀茲は、頼丹の件で一歩、漢王朝側に歩み寄りました。その上で、既に親漢派にシフトしていた烏孫とも親交を結ぶべきだと、亀茲の人々が考えたのは当然のことといえるかもしれません。

王女を帰さない

亀茲王・絳賓は、漢出身の二代目烏孫王妃・解憂（烏孫公主とも呼ばれた）と、烏孫王との間に生まれた長女の弟史を自分の妻にしたいと考え、何回も烏孫国王に結婚の申し入れをしていました。しかし、そのたびに断られ続けました。

そこで絳賓は、王女・弟史が漢の都・長安へ行った帰り道、亀茲に立ち寄る際に強引に引き留めてしまったのです。『漢書』「西域伝」のそのくだりの文章は、いささかも破調がなく穏やかですが、私には行間に激しいものが隠れているように思えてなりません。


――その頃、烏孫公主が娘の弟史を、漢の都・長安にやって琴を習わせていた。漢は侍郎《じろう》【皇宮警察の官吏】楽奉《らくほう》を遣わして、王女を送らせたが、その帰り道に一行は亀茲に寄った。亀茲王は以前、人を烏孫にやって王女を夫人に迎えたいと求めていたが、その時は王女がまだ漢から戻っていなかった。たまたまその王女が亀茲を訪れたので、公主はそれを引き留めて行かせず、再び使者をやって烏孫公主に報じたので、公主はそれを許した。その後、烏孫公主が上書して、娘を皇室の娘として入朝させて欲しいと願った。亀茲王・絳賓もまたその夫人を愛していたので、上書して、自分は漢の外孫を娶ることができて、兄弟となったのだから、願わくば烏孫公主の娘である妻と一緒に入朝させて頂きたいと願った。それでついに漢に来て、朝賀した。王、および夫人みな印綬を賜った。（中略）

その後、しばしば来て朝賀し、漢の衣服を好み、国に帰ると宮室を造り、見回りの道を造ってめぐりまもり、出入りに伝呼し、鐘鼓を鳴らすなど、漢の皇室の儀礼にならった。胡人らがみな言った。

「ロバにしてロバにあらず。馬にして馬にあらず。亀茲王のごときはいわゆるラバなり」

絳賓が死ぬと、その子の丞徳《じょうとく》は、漢の外孫であると自称し、第十一代皇帝・成帝【在位前三三～前七年】、第十二代・哀帝【在位前七～前一年】の時、もっともしばし

ば往来し、漢もこれを遇すること、はなはだ親密であった。（同書、要約）

妻と二人三脚の親漢外交

亀茲王・絳賓は、漢出身の烏孫王妃の娘・弟史を懸命に引き留めました。そして何回も、母である解憂と父の烏孫王に使者を送って、結婚の許しを乞いました。こうしてようやく認められた後、亀茲王・絳賓は妻の弟史と共に、長安に赴き、親漢外交を重ね「ロバにあらず、馬にあらず、ラバだ」と言われてもそれを貫きました。絳賓と妻の弟史とで築き上げた親漢外交は、二人の死後も続き、およそ八十年は漢との友好関係が継続したと言われます。

「西域三十六か国」におけるその後の亀茲王国の果たした役割の大きさは、後漢王朝の西域司令本部ともいえる西域都護府が亀茲王国に置かれたことからも明らかです。また、唐の時代の安西都護府（軍事拠点）も、亀茲王国にありました。それは吐蕃《とばん》（チベット）が侵攻してくるまで続きました。

そのはじまりは、さらわれるようにして妻となった弟史と、彼女を「愛し」続けた夫・絳賓による、たくみな夫婦外交にあったと言えましょう。

た。

殺戮と略奪の時代

時は下って、四世紀。それは世界史において、まさに激動期といえる変革の時代でした。

日本では、中国の歴史書が伝える倭国の女王・卑弥呼の「邪馬台国」から、中央集権型の「大和政権」へと移行する時期で、判らないことが多いため、謎の四世紀と呼ばれています。

そして中国では、後漢王朝が終わった二二〇年を境に、長い混乱期に突入していました。三つの国、魏・呉・蜀が闘争を重ねた「三国志」の時代（二二〇～二六五年）、東西に分裂した晋の時代（二六五～三一六年）を経て、混乱の極みとなった五胡十六国時代（三一六～四三九年）を迎えていました。中国四千年の長い歴史の中でも、最も血なまぐさい乱世、殺戮と略奪の巷と化した時代です。特に五胡十六国時代は、北の辺境から侵入した五つの遊牧の民、匈奴・羯《けつ》・鮮卑《せんぴ》・氐《てい》・羌《きょう》が、華北の地で覇権争いを繰り広げ、その結果、百二十年ほどの間に、十六もの王権が登場しました。

中央アジアと西の国々では、現在のイランを中心に大帝国を築いたパルティア王国

（中国名・安息）が、二二六年、ササン朝ペルシアに滅ぼされました。古代ローマ帝国はペルシアによって、東方への進出を阻まれてしまいます。ローマとペルシアはしばしば戦闘を重ね、やがて、地の利を得たペルシアが、中国との絹貿易を独占するようになりました。さらに二四二年、中央アジア～北インドまで勢力を広げていた大月氏と関係の深いクシャーン朝もササン朝に滅ぼされます。なかでも、クシャーン朝は、中国とインド、パルティア、ローマとの間をとりもつ仲介貿易を一手に担っていた大帝国でした。

道が変わって栄えた王国

この結果、西域における シルクロードは著しい変貌を遂げます。現在のパキスタンの古都・ペシャワールを都とするクシャーン朝の西域への橋頭堡は、西域南道の西の玄関口・ホータン王国（于闐国）でした。このホータンから東へ、扜弥国→精絶国（ニヤ遺跡）→且末《しょまつ》（現・チェルチェン）→鄯善（旧・楼蘭国）→敦煌へとつながる、「西域南道」がクシャーン朝の滅亡により、さびれてしまったのです。

代わって登場したのが、ササン朝ペルシアからの道です。ソグディアナを経て、パミール高原の北辺を通り、西域北道の西の玄関口・疏勒国（現・カシュガル）に出る道でした。この疏勒から東へ向かう、亀茲国→焉耆国→高昌国（現・トルファン）→伊吾国（哈密）→敦煌へとつながる「西域北道」（天山南路）が、大繁栄を遂げることとなりました（→六〜七頁・地図）。

そして、このルートにおいて、最も栄えた王国が亀茲国でした。

中国の歴史書は、四世紀の亀茲王が統治していた都域・「延城《えんじょう》」の絢爛さを、このように伝えています。

外城は長安城に等しく、室屋は壮麗なり。（『梁書』「諸夷伝」）
王宮の壮麗さは、煥《かん》として神居の若《ごと》し。（『晋書』「四夷伝」）

王城は三重の城郭で囲まれ、外城は長安城のごとく、宮室は玉や金で飾られ、その壮麗さはたとえようもないほどだったといいます。

当時は五胡十六国時代の半ばにあたり、氐族というチベット系の民族が開いた前秦王朝が華北を統一しました。都は長安でしたが、この時代随一の明君とされる氐族出身の皇帝・苻堅《ふけん》（在位三五七〜三八五年）は、西域経営にも野心を持っていました。その狙いの一つは、西域の平定と交易です。もう一つの狙いは、当時、西域の高僧として中国・中原にまで知られた、亀茲国の僧・鳩摩羅什《くまらじゅう》を国師として連行することでした。

亀茲連合軍、敗れる

三八三年、前秦の将軍・呂光《りょこう》は、皇帝・苻堅の命を受け、兵を率い西域平定へと向かいました。途中にある焉耆国（現・新疆ウイグル自治区・バインゴリン・モンゴル自治州・焉耆回族自治県）は、戦わずして呂光軍に降伏。しかし亀茲国は徹底抗戦の構えをとりました。亀茲王・白純《はくじゅん》は西方の国々――獪胡《かいこ》、温宿、尉頭《いとう》などに支援を求めました。史書には、七十万の大軍が馳せ参じたと伝えられています。おそらく、そのためには、夥《おびただ》しい亀茲の財宝が使われたのでしょう。

呂光軍と亀茲連合軍との天下分け目の戦いは、翌三八四年、亀茲城の西で繰り広げられました。亀茲軍は七十万、対する呂光軍は七万と、十倍もの大軍だったにもかかわらず、呂光の優れた状況分析と戦略によって、亀茲軍は惨敗してしまいます。亀茲王・白純は財宝を持って天山山中に逃亡した、と伝えられています。

呂光は、逃亡した王の弟、白震《はくしん》を亀茲王に擁しました。

この時に、将軍・呂光らが亀茲国で見た光景が、先に紹介した「城は長安の城のようであり、宮室は実に見事で、金や玉で飾られている」という表現だったのです（「諸夷伝」）。また、勝利に沸く呂光軍兵士が食糧庫で見たものは、沢山の大甕とその中のブドウ酒でした。兵士たちは、入り浸ったといいます。

亀茲王・白純が、自らの財力をもってすれば、呂光軍に充分に対抗できると判断したのも無理はありません。中原が群雄割拠となり、その勢力が西域に及ばない間に、シルクロードの要衝の地、亀茲国はその交易の利益を吸収し、一大王国を築いていたのです。

僧・鳩摩羅什を連れた将軍・呂光の凱旋は、華やかなものでした。ラクダ二万余頭、馬一万余頭、殊禽怪獣千有余、それに曲芸、奇術師たちも同行した異様な行列が「天山南路」を東へ向かったといいます。鳩摩羅什はその後、後涼国の始祖となった呂光を補佐し、度々助けた後、四〇一年、後秦王朝の姚興《ようこう》に迎えられ、長安に移り、仏典の翻訳に従事しました。

亀茲はその後も北魏、隋、唐などに朝貢を重ね、唐の時代には、西域経営の要として安西都護府が置かれるなど、西域の中心的役割を担っていました。

六三〇年一月、天竺への求法の旅の途中、若き玄奘三蔵は古代シルクロード・天山南路の要衝——亀茲国（玄奘は「屈支《クチャ》」と記す）に立ち寄り、数か月の間、天山山脈・ペダル峠の雪解けを待ちました。天山を越え、北のイシククル湖方面・天山北路に出るためです。玄奘は当時の亀茲国の状況を『大唐西域記』にこう描き出しています。

「管弦伎楽は特に諸国に名高い」「伽藍は百余ヵ所、僧徒は五千余人」「仏像の荘厳《しょうごん》はほとんど人工とは思えない」「国王・大臣は国事を相談し、高僧を訪ねてはかり、その後はじめて宣布する」

（『大唐西域記——玄奘三蔵の旅——』）

日本の雅楽にも大きな影響を与えたと言われる、亀茲楽は諸国に名高いものでした（→第五章）。また、城の西門前には、二十五メートルはあろうかという二体の巨大仏があったといいます。そして東西交易は益々盛んでした。七世紀の亀茲国は、まだ繁栄の中にありました。亀茲王国の繁栄は、八世紀の末頃まで続いたといいます。

しかし、その後、東西交易の利益をめぐり、吐蕃（七〜九世紀。チベットの統一王国）など、異民族との争奪・攻防の戦いが絶えませんでした。やがて「西域三十六か国」を中心に展開した、シルクロードそのものが衰退すると、亀茲王国も、その歴史の舞台から消えていったのです。

第七章　玉を運んで四千キロ——謎の民族・月氏の正体

殷王朝の遺跡から発見されたホータン玉

河南省安陽市の北西およそ三キロのところにある、古代殷《いん》王朝（前一六〇〇年頃〜前一〇五〇年頃）の遺跡から、未盗掘の墓が発見されたのは、一九七六年のことでした。発掘が進むにつれ、この墳墓遺跡が、紀元前十三世紀から十二世紀の第二十二代殷王・武丁《ぶてい》の后、婦好《ふこう》の墓だと判りました。婦好は男勝りで、数回にわたり自ら軍を率いて出陣したため、中国最古の女性将軍とも呼ばれています。

この遺跡からは、千九百二十八点に及ぶ副葬品が出土しましたが、そのうち四十パーセントにあたる七百五十六点が、玉器など、玉（主に軟玉翡翠・ネフライト）で作られたものでした。中国では古来、玉には霊力があると信じられ、そのためか、今でも大変に珍重されています。出土した玉の成分を分析した結果、その多くが崑崙、現在のホータン（新疆ウイグル自治区ホータン地区ホータン市・中国名は和田市）でとれた玉だと判りました。

しかし安陽市からホータン市までは、直線距離でも四千キロはあります。その間には山あり谷あり河あり、さらに「タクラマカン」と呼ばれる巨大な砂漠まであります。四千キロは尋常一様な道ではありません。一体どのような人々が、どのようにして、重たい玉を大量に運んだのでしょう。

紀元前七世紀、中国・中原と西方の国々が、公式な絹の交易を始める前、すなわち「古代シルクロード」以前の時代、斉《せい》（春秋時代、現・山東省を中心とした国）の名宰相で「衣食足りて礼節を知る」という諺《ことわざ》が有名な管仲《かんちゅう》（？～前六四五年頃）が書いたとされる『管子』に、玉のことがこう記されています。

「玉は禺《ぐう》氏より起こる」《国畜篇》
「それ玉は牛《ぎゅう》氏の辺山より起こる」《地数篇》

『管子』には、玉を産するのは崑崙山で、それは禺氏や牛氏が居住するところの、近くの山だとあります。

現代中国語の発音でも「玉」はyù《イー》、「禺」もyù《イー》、月《げっ》氏の「月」はyuè《イエ》、「于《う》闐《てん》国」の「于」の発音はyú《イー》で、漢字「玉」「禺」「月」「于」とも同じ漢字かと思えるぐらい発音が似ています。

故・松田壽男・早稲田大学名誉教授（東洋史）が、「禺氏」は「月氏」のことであると明らかにしましたが、「牛氏」も「月氏」のことを指しているようです。また、中国側の「新シルクロード」取材班学術顧問だった北京大学考古系教授の林梅村氏は、玉を中国・中原にもたらしたのは月氏だと指摘し次のように述べています。

> 殷周以来ずっと、月氏は、西北地区でもっとも強大な遊牧民族の一つだったのであり、しかも黄河流域の古代定住民たちと頻繁に往き来していたのである。殷墟の婦好墓から出土した「和田【ホータン】の玉」は、月氏の人びとが新疆の崑崙山で手にいれたものを中原地帯で販売していた可能性が高い。
>
> （『シルクロードと中国古代文明』）

月氏、禺氏、牛氏、和氏

「月氏」という民族が、その名前で歴史の表舞台に登場するのは、紀元前二一五年前後のことです。それは司馬遷の『史記』「匈奴列伝」で、秦の将軍・蒙恬《もうてん》が、始皇帝の命により、オルドスにいた匈奴を討伐した頃のことでした。

秦が他の六か国を滅ぼしたのち、始皇帝は蒙恬に十万の軍勢を統率させ、北に向かって蛮族を攻撃させた。（中略）

この当時、東胡が強力で月氏も強盛であった。匈奴の単于（王）は頭曼《とうまん》といったが、頭曼は秦に勝てず北方に移動した。

（『史記』「匈奴列伝」小川環樹・今鷹真・福島吉彦訳）

これより以前の月氏は「禺氏」「牛氏」あるいは「和氏《かし》」とも呼ばれていました。

では、この時代、匈奴のいたオルドスとは、どのような場所だったのでしょうか。現在、黄河の上流に蘭州という大都市があります。黄河はこの辺りから一気に北進して、陰山山脈の前で東進し、内モンゴルの包頭《ほうとう》の辺りから今度は南下し、かつての長安

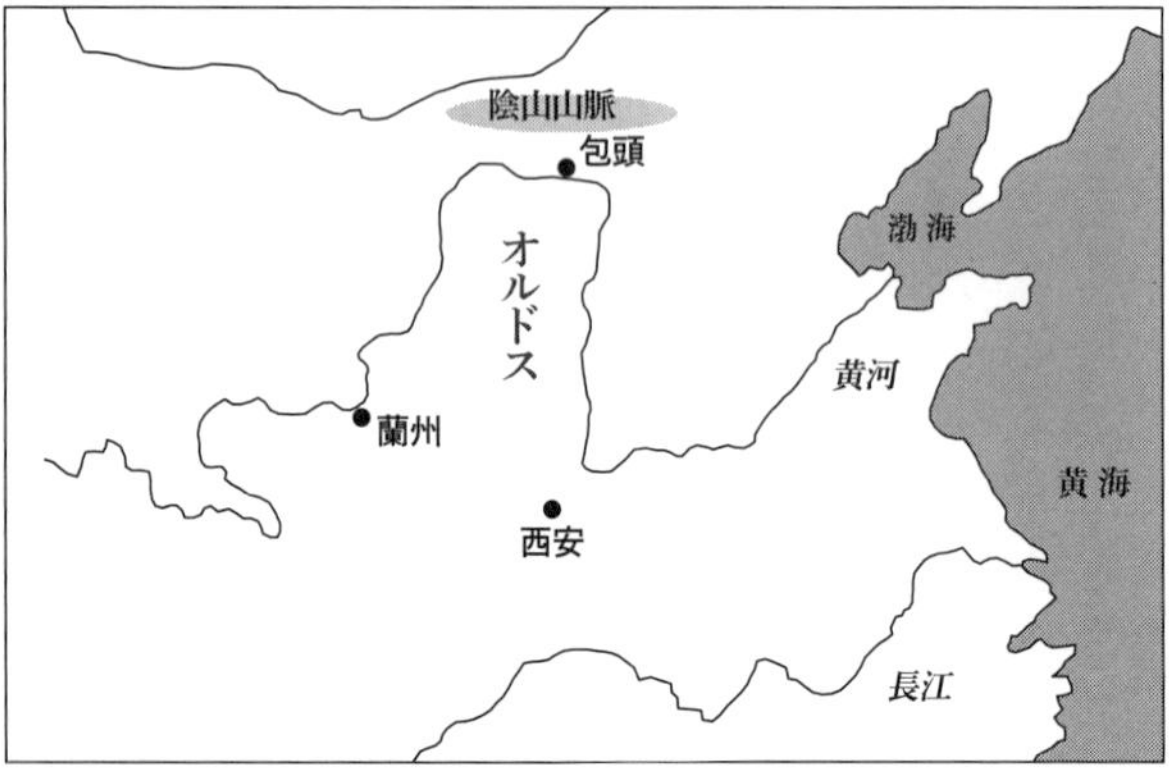

（現・西安）の近くに出て、再び東進して渤海《ぼっかい》にそそぎます。オルドスとはこの、黄河が北へ向かい、次に東進して今度は急角度に南下していく、いわば黄河大彎曲の広大な地域をいいます。黄河の恵みを受けた、実に豊かな牧草丘陵地帯です。それゆえに、古来、この地をめぐり騎馬民族と中原勢力の間で、いくたびもの争奪戦が繰り広げられてきました。北京大学の林教授によれば、この地は月氏という民族にとって、深いかかわりのある地だといいます。

当時、月氏は匈奴の太子・冒頓《ぼくとつ》を人質にとり、匈奴を侮るほど強大な勢力を誇っていました。しかし、それから四十年後の紀元前一七六年、月氏は匈奴により滅ぼされ領地を失い、西へ移動したと『史記』は記しました。

月氏が『史記』に登場する三回目の記述は、紀元前一四〇年頃、月氏の王が匈奴に殺され、その頭骨は酒の器、つまり盃にされてしまったというものです。月氏はさらに西へと逃げのび、この残酷な仕打ちに対し、《匈奴を今も恨んでいる》。この話を、とらえた匈奴の捕虜から聞き出したのが、漢王朝第七代皇帝の武帝でした。

前一四一年、十六歳で即位した武帝は、西の月氏と東の漢で匈奴を挟撃しようと考え、前一三九年、使者を月氏へ派遣しました。この時、使者として抜擢されたのが、後にシルクロードの開拓者と言われる張騫でした（↓序章）。

四回目の記述は、それから十三年後、張騫が帰国した際のものです。交渉そのものは失敗したものの、彼は代わりに西域・西北諸国のさまざまな事情を詳しく報告しました。当時、黄河から西の世界を知らなかった武帝にとって、張騫の報告は、どれもが初めて聞く話ばかりでした。そのうちの一つが、敦煌と祁連山の間にいた月氏が匈奴に追われ、さらに烏孫に攻撃されて中央アジアの地へと逃れていく、その経過についてのものでした。『史記』「大宛列伝」はこう記しています。

匈奴の冒頓単于【匈奴一代の英雄。在位前二〇九～前一七四年】が位につきますと、月氏を攻撃してうち破りました。匈奴の老上単于《ろうじょう》の時代になると、月氏の王を殺し、その頭で酒を飲むときの容器を作りました。最初、月氏は敦煌と祁連山脈の中間地帯に居住しておりましたが、匈奴にうち破られてから、遠くへ逃れ去り、大宛を通過して西方へと向かい、大夏を攻撃してそれを支配しました。かくて嬀水《ぎすい》【現・アム河】の北に住んでそこを根拠地としました。その残余の逃げることのできなかった少数の一群は、南山【祁連山脈】の羌族【チベット系民族】居住地域を確保して、小月氏ととなえました。（同書）

これらの記述から、「河西回廊」に支配力を持っていた民族の変遷が、次のようであったことが判ります。

(1) 紀元前八世紀の春秋戦国時代から前一七六年までの西域の民である、禺氏、牛氏、和氏、および月氏は、同じ民族と考えられる。

(2) 前一七六年から漢王朝が河西四郡（東から武威、張掖、酒泉、敦煌の四つの軍事拠点）を設置する前一一一年までの支配者は匈奴であった。
(3)　紀元前一一一年以降は、基本的には漢王朝をはじめとする中国・中原が勢力を持った。

したがって、古代シルクロードの幕が開く、紀元前一一四年よりも前、于闐国（現・ホータン）の玉と中原とを結んだ民族は、月氏か匈奴ということになります。しかし匈奴の河西回廊支配期間は、司馬遷の『史記』を読む限り、長く見積もっても紀元前一七六年から紀元前一一一年までの、わずか六十五年間です。

日本の松田壽男博士や、北京大学の林梅村教授が指摘するように、春秋戦国時代の禺氏、牛氏、和氏が同じ月氏だと考えると、シルクロード開幕以前の玉の担い手は、月氏であった可能性が高くなってくるのではないでしょうか。

月氏、楼蘭人、亀茲人はすべてトカラ人か

先史時代の月氏の居住地について調べてみると、明確な記述は先ほどの『史記』「大宛列伝」にある、「敦煌と祁連山脈の中間地帯に居住」というものだけです。これは現在の敦煌と酒泉の間ということになります。しかしそれは主な居住地というだけで、月氏の実際の支配地はもっと大きいはずだとみる研究者が最近、非常に増えてきています。

先の林梅村教授は「中央アジアの言語に関する最近の研究成果により、大月氏・楼蘭人・亀茲人は、全て《トカラ人》と呼ばれる同じ民族に属する」ことを前提に、その見解を展開しています（『シルクロードと中国古代文明』）。

紀元前二世紀、天山山中から北麓一帯に遊牧していた烏孫は、人口六十三万の大国でした（『漢書』「西域伝」）。その烏孫は、匈奴に追われて敦煌周辺から逃れてきた月氏の難民団を、匈奴の兵力を借りてようやく西へ追いやることができました（西へ逃げた人々は「大月氏」と呼ばれ、逃げられなかった少数の一群は「小月氏」となる）。

このことからして林教授は、月氏の人口は烏孫の六十三万より大きいはずだと考え、合計約八十万人前後と割り出したのです。そしてこれだけの人口を擁する月氏にとって、敦煌から酒泉までの、東西三百キロの空間だけでは遊牧民として狭すぎるため、ここは中心的居住地だっただけで、実際にはより広大な大地を支配していたと推定しています。

これを裏付ける根拠の一つとなるのが、近年のシルクロードにおけるトカラ語、ガンダーラ語をはじめとした言語学の進歩です。

林教授は、殷代末期に、現在の山西省北部からオルドス内の寧夏回族自治区にかけての一帯に、多くのトカラ人集落があったと考えました（前掲書）。中国の歴史書には、トカラ語でなければ理解しがたい地名が、この辺り一帯にいくつも書き残されているからだといいます。

たとえば殷代末期に、現・寧夏回族自治区にあった「朝那《ちょうな》」や「義渠《ぎきょ》」といった地名です。「朝那」周辺は、秦の時代には大型馬の産地として知られていました。なお、参考として申し上げれば、中国の馬は殆どが、日本の木曾馬のような小型馬でした。一方、月氏の馬は、史書にたびたび「龍馬」とも記されていますが、大型馬だったことが知られています。

「義渠」の現代中国語での発音は「yì《イー》 qú《チー》」です。これをトカラ語の「馬」の発音と照らし合わせると、トカラ語の方言A（現・トルファンなどで話されていた言葉）では「イーク」、方言B（現・クチャなどで話されていた言葉）では「イアークー」です。このことから、「義渠」はトカラ語の「馬」の発音を漢字で音写した表記だと林教授は考えました。おそらく馬産地ゆえについた地名なのでしょう。

考古学上の発見もありました。一九三〇年、殷墟遺跡から「小臣牆刻辞《しょうしんしょうこくじ》」と呼ばれる牛の肋骨に記された甲骨文が発掘されました。小臣牆とは人物名です。そこには殷王朝最後の王、酒池肉林の宴を催した暴君として知られる紂王《ちゅうおう》の時代に起きた、周国と戎《じゅう》国（林教授はトカラ人の国と解釈）との三度にわたる戦いが記されていました。これは司馬遷の『史記』「殷本紀」とも一致するため、実際に起きた歴史的事件であることが判りました。林教授の見解をもとに、この事件の概略と背景についてみていきましょう。

周国人が、殷の紂王のもとに囚われていた西伯（のちの周王朝の文王）を釈放させるため、戎の三つの国（辛《しん》、芮《ぜい》、奚《けい》）と戦った際の戦利品の「美人」と「珍品」を紂王に献上しました。辛国の美人は二十四名。芮国の人五百七十人、奚国の女子百六十人と記されています。殷の紂王は、これと引き替えに、やがて周国の王となる西伯の命を助けたようです。美人のふるさとである三つの国は、いずれも先ほどのトカラ人集落が集中する地域、朝那、義渠などの地域にあった国々でした。

以上のことから林教授は「山西省北部から寧夏回族自治区一帯に居住していた《犬戎》《義渠》などといったトカラ人の集落が、古代の最初期における、東西文化交流の媒介としての役割を果たしていた」と結んでいます。

また、林教授は、楼蘭人も亀茲人も月氏も同じ民族でありトカラ人である、という説を唱えていますが、この説を採用すれば、于闐国（現・ホータン）の玉の産地と殷墟遺跡を結ぶ、およそ四千キロの線上に、トカラ人、つまり月氏の居住地（コロニー）がいくつも並んで見えてくるのではないでしょうか。シルクロード以前にあった「玉の道」と、それを担った月氏（トカラ人）の姿がうっすらと浮かびあがってくるような、そんな気がします。

第八章　楼蘭・鄯善王国の消えた財宝——天下一の大金持ち王の末路

二大強国の一つ、鄯善国

前漢王朝が滅んだ後、それに代わって登場した王莽《おうもう》による新王朝（八〜二三年）は頗《すこぶ》る評判の悪い王朝でした。当然、その西域における統治もうまくいくはずがありません。一方、北方の匈奴も前ほどの力はなく、二つの超大国が弱小化して出現した、いわば隙間のような時代でした。

シルクロードでは莎車《さしゃ》王国（現・新疆ウイグル自治区カシュガル地区ヤルカンド県）が、現在のインド、パキスタン、アフガニスタン、イランなどから最も近いという地の利を得て、瞬く間に西域三十六か国を支配下においてしまいました。

しかし、各国に横暴に振舞い始めたため、莎車打倒に動く王国が現れました。当時、「西域南道」で最も力の強かった王国の一つ、于闐《うてん》王国（古代ホータン王国。現・新疆ウイグル自治区ホータン県）でした。後漢王朝（二五〜二二〇年）の第二代皇帝・明帝（在位五七〜七五年）の時代のことでした。

于寘【于闐】の将の休莫霸《きゅうばくは》が莎車にそむいて、自ら立って于闐国王となった。休莫霸が死んだ後は、休莫霸の兄の子・広徳《こうとく》が立った。後に遂に莎車を滅ぼし、国の勢いが盛んだったため、精絶国より西北のかた、疏勒《そろく》国【現・カシュガル】に至るまでの十三国が、みな服従した。加えて鄯善【旧・楼蘭。現・ニヤ遺跡】もまた強盛だった。南道の葱嶺【パミール高原】より以東、この二国を大となした。

（『後漢書』「西域伝」范曄撰・吉川忠夫訓注、要約）

莎車が滅んだ後、六つほどの国が中心となり、それぞれが巨大連合国家を築きあげ、「西域南道」のオアシス国家の場合は、于闐王国か、鄯善王国、どちらかの支配下に組み込まれました。西域南道を中心に「古代シルクロード」が全盛期を迎えようとしていた頃、その繁栄を二つの大国が二分したのです。これが、一世紀半ば頃の「西域南道」の姿です。

それから二百年ほどたった『三国志』の時代の西域南道は、魏王朝（二二〇～二六五年）の歴史書『魏略』「西戎伝《せいじゅう》」にこう記されています。

南道を西に行くと、且志《しょし》国、小宛国、精絶国、楼蘭国、みな鄯善に幷属《へいぞく》されている。戎盧《じゅうろ》国、扜弥国、渠勒《きょろく》国、皮穴《ひけつ》国は、みな于闐国に幷属されている。

（『三国志魏志巻三〇』、『楼蘭王国』長澤和俊著）

于闐国の支配下にあった精絶国（前一世紀～後四世紀。別名・チャドゥータ。現・新疆ウイグル自治区・ニヤ県のニヤ遺跡）が、鄯善国の支配下になった以外、ほとんど変化はありません。

ここで、鄯善国の版図とされる「楼蘭国」が、鄯善国の前身のあの楼蘭（↓第六章）なのか、それとも別の国なのかは不明ですが、ともあれ于闐国と鄯善国、「西域南道」におけるシルクロードの権益を二分した両国が、大きな富を蓄積したことは間違いありません。

鄯善国の宝が伝わる且末城

「楼蘭・鄯善王国の最後の都・王城はどこか」という研究内容を、林梅村・北京大学教授が発表したのは一九九七年のことでした。十九世紀半ばからの探検家時代に始まって、戦時の中断を経て、一九八〇年以降、西域についての考古学は絶大な成果をおさめてきたが、漢代、唐代の文献に記されている数多くの著名な王の居城が今に至るまで未発見である、タクラマカン砂漠の下に眠ったままの「且末《しょまつ》国」の王城もその一つである、というものでした。

且末国があったと思われる且末（現・新疆ウイグル自治区バインゴリン・モンゴル自治州・チェルチェン）からは、今から三千年前のヨーロッパ系の男性ミイラが見つかるなどしており、その服装などから、すでに都市文明が栄えていたことが判っています。またその当時から且末国は、中国・中原に、優れた毛織物を生産するオアシス都市として知られていました（『シルクロードと中国古代文明』林梅村著）。

しかしこの王国は五世紀の半ば、「鄯善王国」と共に滅亡し、以後、今日まで永い眠りについています。その王城の位置も、ヘディン、スタイン、日本の大谷探検隊など多くの探検家、考古学者、研究者たちが発見に挑戦してきたものの、未だにはっきりとしていません。

それにしてもなぜ、且末国の王城発見に、多くの人が挑戦を重ねてきたのでしょう。それは、シルクロードの国際貿易によって「天下一の大金持ち」（林氏前掲書）になった鄯善国の宝は、すべて、且末国の王城「且末城」に搬送されていたことがわかっていたからです。『魏書』「西域伝」にはこうあります。

且末国は、且末城を都とし、鄯善の西に在り。（中略）真君三（四四二）年、鄯善王・比龍《ひりゅう》は沮渠《そきょ》・安周《あんしゅう》の難を避け、国人の半ばを率いて且末に奔《わし》る。後に鄯善に役属せらる。（『魏書』「西域伝」、『シルクロードと中国古代文明』）

逃げた父王、戦った王子

オアシス都市の武威（涼州）を都にして建国された、おそらく匈奴系民族の最後の王国であろう北涼王国は遠く敦煌、哈密、トルファンに到る河西一帯を支配しました。しかし、四三九年、同じ騎馬民族である鮮卑系の王朝・北魏が北涼を攻め滅ぼし、血で血を洗う争乱の末、中国北部（華北）を統一します。五胡十六国時代の終わりでした。

北魏に敗れた北涼王国から、二人の王子が西へ敗走しました。兄の沮渠無諱《しょきょむい》、そして弟の沮渠安周《しょきょあんしゅう》です。二人の王子はまず敦煌を落とし、次に鄯善へと向かいました。兄は弟に命じて鄯善王国の王城を攻めさせました。鄯善王・比龍は恐れをなして、王国の民の半分、およそ四千人を連れ、その上、王の全財産と共に、西の且末国へと逃れました。そして且末国を支配したといいます。

一方、鄯善王国では、逃げた王・比龍の子である真達《しんたつ》王子が新しい国王に就き、残った半分の民と共に北涼軍と戦いました。華北を統一したばかりの北魏国の支援を得て、徹底的に抗戦したのです。その結果、北涼軍は鄯善への攻撃を止め、現在のトルファンへと向かいました。

四四五年、北魏軍の万度帰が、北涼の残党を追って鄯善王国へ入りました。その時、万度帰が見たのは、タクラマカン砂漠の中にあって、難民化していた国王・真達と四千の民でした。真達は自らの手に縄をかけ、北魏軍に投降します。王の縄をほどいた万度帰は、王と、その民と共に都（現・山西省大同）へと帰りました。シルクロードと西域の歴史の幕開けの時代に、鮮やかに彩りを添えた楼蘭・鄯善王国は、ここに、その幕を閉じたのです。

嘘だった王城の噂

現在の且末市は、漢代に且末王国があった場所からは徒歩で南へ三日のところにある、かつて「小宛国」と呼ばれていた場所だと考えられています。ですので、漢代の且末王国の王城は、現在のチェルチェン市街地から、百キロほど北の砂漠の中に埋もれている、とみられています。逃げた鄯善王・比龍が持ち出した王国の全財産・全財宝については、千五百年経った今も、発見の知らせはありません。一体、どこへ消えてしまったのでしょうか。

まずはこれまでの多くの研究者たちの追跡調査をもとに、財宝の所在と且末城の所在をできる限り辿ってみたいと思います。

実は新疆測量製図局に残された一九六〇年代の測量資料には、且末国王城の位置が明確に示されていました。東経八五度三八分五秒、北緯三九度四分四〇秒、現在のタタラン村の北方六十六キロのところ、タクラマカン砂漠のほとんど中心部といっていい場所です。ところが、なぜそこが王城とされたのか、その詳細は判らないままでした。

一九七〇年代になると、再び王城探しがクローズアップされ、新疆の研究者たちで結成された総合調査隊や文物調査隊が、チェルチェンを何度も訪れ、先の測量資料を含め探索にあたりましたが、進展はみられませんでした。

一九八九年、新疆文物考古研究所の考古チームは、チェルチェン・タタラン村での調査の際、地元住民からある噂を聞きます。タタラン村から北へ数十キロ離れたところに古代の都市遺跡が埋もれているというものです。しかし噂を裏付けるような調査結果は得られませんでした。

一九九三年の新疆文物調査隊による調査報告書でも、且末国とその王城については何の言及もされていません。

そして一九九四年、林梅村教授が、北京電視台の取材チームと合同で、且末以北の砂漠の奥地での調査活動を行いました。その際、先の地元住民の噂話も徹底的に調べました。その結果、且末国の王城に行ったことがあると公言していた住民がいたのですが、いざ、案内をするという段になったら、もはや嘘を上塗りすることはできないと、デタラメだったことを白状したのです。

また、林教授らは一九六〇年代の測量資料にある王城の位置もくまなく調査しましたが、何一つ古城らしいものを見つけることができませんでした。

発見されたカローシュティー文字の木簡

ところが、中国科学院砂漠研究所主催の河西回廊の砂漠調査（一九七八年）に参加していた、中国社会科学院の馬雍《ま よう》教授は、調査隊のメンバーから、その数年前にタリム盆地南縁の砂漠地帯で、古代の古城遺跡が発見されたという話を聞いていたことが判りました。

その遺跡の保存状態は良好で、カローシュティー文字（前四世紀〜後七世紀頃までガンダーラをはじめ南アジア、中央アジアで使われた古代文字）の木簡が数多く露出していたといいます。当時は誰もその重要性に気付かずに、わずか数十点の木簡を持ち帰ったものの、その目的は木材標本だったため、きちんとした調査もなされていませんでした。しかもその後、その標本は散逸してしまい、かろうじて二つの小さな残簡だけが蘭州の甘粛省博物館に寄贈されて残っている、と馬教授は証言しました。

この砂漠調査隊の責任者は、砂漠研究の専門家である朱震達《しゅしんたつ》氏でした。林教授は朱氏に聞いた内容をこう記しています。

この砂漠の故城は、且末県以北の砂漠の奥地に位置している。調査隊は故城の位置について、詳細なデータを残している。現在、その資料は、蘭州の中国砂漠土壌研究所の朱震達の「砂漠調査書類」のなかに保存されている。（林氏前掲書、要約）

チェルチェン以北の砂漠の奥地で、このような古城が発見されていたことは、且末城を探索しようとする上での、新たな希望の光だと林教授は同書で結んでいます。

しかしその後、且末城発見の朗報は、現在に至るまで聞こえてきません。天下一の大金持ち、鄯善王の財宝が埋蔵されている古代且末国の王城は、今もタクラマカン砂漠に埋もれているのでしょうか。多くの人々による、いくたびもの探索活動にもかかわらず、鄯善王とその財宝、且末国とその王城は今も大きな謎のままなのです。

第九章　仮面をつけた巨人のミイラの謎

身長百八十センチの大男のミイラ

一九九五年、営盤《インパン》遺跡から、ある男性のミイラが発掘されました。

NHKスペシャル『シルクロード――謎の王国・楼蘭をゆく』（二〇〇二年）で、そのミイラは、大人八人に支えられた板の上に乗せられて登場しました。

身長は百八十センチ強、古代にあってはまさに大男だったでしょう。真っ赤な毛織の上衣をまとい、真っ白な仮面をかぶっています。仮面の額の部分には、横長の金箔が貼られていました。上衣からはみ出すズボンは紫地の絹、そして白地の絹の靴下をはいています。まさに仮面のミイラ、番組中ではこう紹介されていました。

――中国風の衣装を着て、仮面をかぶった男性のミイラ。羊毛製の上衣を身につけていましたが、その上衣に描かれた文様は、盾と矛を持った、ギリシア神話に登場するあの巨人・アトラスのようです。またやはり文様として描かれていたザクロの樹は、ペルシアでよく用いられた楽園・豊穣のモチーフでした。この仮面のミイラは、シルクロードを行き来した商人とも、楼蘭王国の王侯貴族ともいわれています。「古代シルクロード」要衝の地・楼蘭には、東西の文化が流れ込み、ユーラシア各地の珍しい品々が持ち込まれていたのです。

（要約）

その棺の中には、当時を代表する国際的な文化のほとんどが閉じ込められていました。古代ギリシア文化あり、ペルシア文化あり、そして絹の産地である中国は無論、インド文化までもが見事な融合をみせていました。この時代のシルクロードの一つの文化的成果、ヘレニズムという東西文化の融合が、このミイラには具現化していました。

しかし、「営盤遺跡」はあたかも、古代楼蘭王国の一地方のような扱いです。このミイラが出土した営盤遺跡とは、どのような都市、あるいはオアシス国家だったのでしょうか。

墨山王国の中心

営盤は『漢書』「西域伝」には「墨山国」、あるいは「山国」として登場するオアシス国家の中心的な街でした。前漢時代の半ばまで、古代シルクロードの幹線は、敦煌を出て西に向かう場合、玉門関、あるいは陽関を経て、ロプ・ノールのほとり、楼蘭王国の王城、現在の楼蘭故城に着きます。道はさらに孔雀河沿いに西へ延び、営盤を過ぎて百キロほどのところで、南北に分かれ、北は「天山南路」の焉耆国へ、南は「西域南道」の鄯善国・且末国へと向かいます。

営盤を中心とする墨山王国（あるいは山国）は、シルクロードの要衝の中でも重要な王国でした。

山国は、王が長安を去ること七千百七十里の所にいた。戸数四百五十、人口五千、勝兵が千人いた。輔国侯、左右の将、左右の都尉、訳長がそれぞれ一人いた。西は尉犁《いり》まで二百四十里、西北は焉耆まで百六十里、西は危須《きしゅ》まで二百六十里、東南は鄯善・且末と接している。山に鉄を産し、民は山居し、田を焉耆・危須に依託して穀を買いつけている。

（『漢書』「西域伝」小竹武夫訳）

人口五千人というのは、西域三十六か国の中で大体、中程度の規模の王国でした。シルクロードの要衝の地らしく、どのような外国の商人が来ても対応できるように、東西の門には通訳担当の責任者である通訳長がそれぞれ一人配備されていました。
この墨山国が、漢王朝のシルクロード経営に最も貢献したのは、紀元前一〇四年と前一〇二年の頃だろうと思われます。イギリスの探検家・スタインの『中央アジア踏査記』（沢崎順之助訳）より引用してみます。

われわれ一行全員は、西進して、《営盤》という名で知られている地点に移動した。（中略）その後、砂漠の道を北西にとってコルラに向かう途中で、クルク・ターの山麓沿いに、一六〇キロ以上にわたって点々と連なる古代の望楼跡を調査することができた。その中には、驚くほど巨大なものもあったが、これらの望楼が、甘粛省の古代中国国境城壁【万里の長城遺跡】を調査した際に熟知するにいたった構造と、まったく同一の特徴を備えていることは、すぐに見てとれた。その構築の年代は、明らかに、西暦前一〇〇年ごろにさかのぼるもので、漢の武帝が敦煌から楼蘭に通ずる公道を、城壁と望楼線とによって保護せしめようとしたときのものだった。

『史記』「大宛列伝」によれば、漢王朝七代目の皇帝・武帝は、中央アジアの王国・フェルガナ（大宛国）の、千里を走り血の汗をかくという「汗血馬」を得るため、前一〇四年と前一〇二年の二度にわたり大宛遠征軍を出征させました。率いたのは将軍・李広利です。敦煌から出陣した兵は六万人、牛は十万頭、馬は三万頭余り、ロバ、ラバ、ラクダは万単位、大量の兵糧（この中には鶏や豚も含まれていたと思われます）も携えた大軍勢で、天下は大騒ぎとなったと伝えています。

この大軍勢を北から襲撃・略奪・妨害する騎馬民族の匈奴からどう守るのか。秦の時代から造られていた万里の長城が延長・補強され、城壁、望楼、烽火台、駐屯兵の宿泊所などがこの時期に建造されました。そうした大工事は、シルクロードの道中にある国々、墨山国らの支援なしには不可能だったでしょう。

消えた墨山国

ところが二五年に建国された後漢王朝の正史『後漢書』「西域伝」では、前出の正史

『漢書』の記述とは違って、墨山国は不思議なことに独立王国としての扱いを受けていません。主体的活動の記載はどこにもなく、いつも鄯善王国と共に行動している、つまり、その支配下に入ったような動きをしているのです。

実は一世紀の半ば過ぎ、西域三十六か国は、六つの大国のもとに吸収され、巨大な六つの連合国家が構築されました。西域南道の王国は、西は于闐国に、東は鄯善国に吸収されたのです（↓第八章）。

長澤和俊氏は『楼蘭王国』の中で、一世紀から四世紀の間の鄯善王国（旧・楼蘭王国）の全盛期、その版図は、東は敦煌近くまで、西は漢代の精絶国、現在のニヤ遺跡まで、東西約九百〜千キロに及び、その北東の境がかつての「墨山国」だったとしています。更に、長澤氏の主張は、次のように展開します。

この鄯善王国全体の公用語は、三世紀から四世紀の初めの頃は、カローシュティー文字によるガンダーラ語でした。それはこの頃、鄯善王国がクシャーン朝（一〜三世紀、シルクロード交易で北西インドのガンダーラを中心に栄えた超大国。カニシカの頃、全盛期を迎える。都はガンダーラ地方のプルシャプラ［現・ペシャワール］）からの移民団によって支配されていたからだと明言しています。

そのことは、英国のスタインがニヤ遺跡から発掘した大量のカローシュティー木簡の解読作業によって判明しました。この木簡を読み解いていくと、王の指令だったり、裁判の報告だったり、私的な連絡だったりと、様々な連絡手段に使われていたことが判ったのです。さらにカローシュティー木簡は、仏教遺跡が多いミーラン遺跡（新疆ウイグル自治区チャルクリク県）、そしてこの仮面のミイラが発掘された営盤遺跡からも発掘されています。

ミーラン遺跡は、西域で最も古い仏教美術壁画が発掘されていることで有名です。有翼天使像や供養者像など、その描法・画風には、古代ギリシアやローマ文化の色濃い影響がうかがえるほどなのです。

東西文化の結晶

この仮面のミイラが、今から千八百年前のものだとすれば、鄯善王国におけるクシャーン朝移民団支配の時期と一致することになります。

まずは営盤遺跡の発掘調査から見えてきたものをご紹介していきましょう。発掘調査は一九八九年から一九九九年までの間に三回実施されました。

営盤遺跡の中心的な役割を果たしているのは、円型の城壁をめぐらせた古城で、ロプ・ノールにそそぐ孔雀河の北岸から、北へ五キロほど入ったところにあります。この北岸には、紀元前一〇〇年前後に漢王朝七代目の武帝によって建設された、長城、望楼、烽火台などの対匈奴防衛施設があり、焉耆までそれが点々とつながっています。

古城の直径は百八十メートルで、ここから北東一キロのところに寺院遺跡が現れます。仏塔を中心に、僧房がその左右に建造されています。

この寺院遺跡から三百〜五百メートル西に、東西千五百メートルにわたって墓地遺跡が広がっています。墓地の奥行は五百メートルほどで、クルク・ターグ山脈（天山山脈の支脈）の南麓の台地に向かってひらけています。住民の居住地は、寺院遺跡の周辺から、クルク・ターグ山の南麓一帯に広がっており、中国側の報告書によれば、それは大規模な居住集落だったといいます。

営盤遺跡の特徴は、この墓地遺跡の規模の大きさと、発掘される副葬品の種類と量の豊かさにあります。それらにはギリシア・ローマ・ペルシア・インド・中国と東西文化が見事に融合しているのです。そうした発掘品の中から、いくつかの例をあげておきましょう。

・高級毛織物の罽《けい》（敷物）。おそらく中央アジア、あるいは西アジアからの伝来品。藍色の地に西域風の蔦草を挟み、鷹、蛇、蜂、有翼天使が描き出されており、いかにも西方的な意匠。
・ササン朝ペルシア風の円型切子白瑠璃碗。正倉院に伝わる切子白瑠璃碗によく似ている。口径十・八センチ、底径三・二センチ、高さ八・八センチ。
・長方形の彩色された木棺。ヘディンやスタインが発見したカヌー型の棺とは違い、中国・中原の影響をかなり受けている。
・銅鏡。
・息子が父に宛てた、カローシュティー文書の残欠。文書が入っていたのは、彩色絵画の描かれた漆の小箱で中国製。父親が息子の成長の証しであるこの文書を、漆の小箱に入れて、大切に保存していたものと思われる。
・仮面のミイラ、及び棺の中の、東西文化が見事に融合した数々の文物。
鄯善王国最盛期の遺跡のうち、東西文化の融合の度合いが際立って深かったことを示す三つの遺跡がありますが、一つが、この仮面のミイラが出土した営盤遺跡です。

二つ目は、先にも触れた、ミーランの仏教遺跡です。スタインは仏塔の腰羽目（壁の腰部分に張った羽目板）の辺りで、有翼天使像を見つけ「いままで私が見た、いかなる絵画芸術よりもギリシア的、まるでギリシアの青年像のようだ」と讃嘆の声をあげたといいます。

三つ目は、楼蘭故城の北東六・四キロ、スタインはLC遺跡と命名し、中国では孤台墓地と記される遺跡です。ここからはまったく西洋的なヘルメス（商業・旅人の守護神）の毛織物刺繍が出土しています。

いずれもロプ・ノール周辺の遺跡です。

鄯善王国がロプ・ノール周辺から、南の「西域南道」へとその軸足を移した後に、ロプ・ノール周辺にある三つの遺跡から、なぜ、これほどまでに東西文化の融合した様が見られるのか、しかも西域三十六か国の中で、どこよりも見事な東西文化の結晶ともいえるレベルであるのはなぜなのか——現在は中国国内からの発掘調査報告を待つばかりですが、依然としてそれらは謎のままです。

第十章　幻の王族画家が描いた「西域のモナ・リザ」

隋・唐代一の人気画家だった尉遅父子

今から千四百年ほど前、古代のホータン王国（于《う》闐《てん》王国）に、「尉遅《うっち》派《は》」と呼ばれる画家集団が登場しました。

その代表的な画家は、尉遅《うっち》跋質《ばっち》那《な》、尉遅《うっち》乙僧《おっそう》の父子で、ホータン王国にとどまらず、隋・唐の都・長安を舞台に活躍していました。画風はダイナミックでエキゾチック、時代にもあっていたのでしょう、長安の都人《みやこびと》の間で誰一人として知らない人がいないほどの人気画家だったといいます。

井上靖氏の小説『敦煌』には、ホータン王家の出身、背の高いラクダのキャラバン隊長・尉遅《うっち》光《こう》という魅力的な人物が登場しますが、画家の尉遅親子もまた、古代のホータン王家出身とみられています。尉遅はホータン王国の王室の姓（ヴァイシャ）を音訳・

音字したものです。

尉遅派の画法、画風については、九世紀唐代の末、当時の美術史家である張彦遠《ちょうげんえん》が著した『歴代名画記』で紹介されています。

> 尉遅乙僧。于闐国【現・ホータン】の人なり。父は跋質那。乙僧は国初、宿衛の官【宮中護衛将校】を授けられ、郡公【地方長官】を襲封す。善く外国及び仏像を画く。時人、跋質那を以て大尉遅となし、乙僧を小尉遅となす。外国及び菩薩を画くに、小【小尉遅】は則ち用筆緊勁《きんけい》にして、鉄を屈し絲を盤《わだか》まらせるが如く、大【大尉遅】は則ち灑落《しゅらく》にして気概あり。僧悰《そうそう》【隋の美術史家】云う、「外国と鬼神、奇形・異貌は、中華、継ぐもの罕《まれ》なり」と。竇《とう》【竇蒙《もう》】云う、「澄思・用筆は中華と道殊なると雖《いえど》も、然《しか》れども気は正にして迹《あと》は高し。顧《こ》【顧愷之《がいし》】・陸《りく》【陸探微《たんび》】と友為《た》るべし」と。
>
> （『歴代名画記』）

唐代初め、宮中護衛将校で、やがて郡公（地方長官）を受け継いだ乙僧は、

「父と同様に西域や仏像の絵をよくし、子の乙僧の筆遣いは、鉄を曲げたような、強くたるみのない輪郭線となり、父の場合はさっぱりとした画風だが、強い意志力を感じる。隋の美術史家・僧悰は『西域、鬼神、めずらしい姿・形を描いたら、中国に継ぐ者がいない』と言い、また竇蒙は『静かで清らかな思考・独特な描法と筆使いは、中国の画家とは違うものの、気骨は正しく、作品には高い風格がある。中国絵画史上の巨匠、顧愷之、陸探微とも肩を並べられよう』」というのです。

父子の画法は、あたかも鉄を曲げたかのような強い輪郭線で、仏や菩薩を描く「屈鉄《くってつ》線《せん》」、あるいは「鉄線描《てっせんびょう》」という技法でした。それは従来、中原には見られなかった、まったく新しい技法でした。

しかし中国・中原においては、会昌《かいしょう》五（八四五）年の「会昌の廃仏」（武宗による仏教弾圧）により、それまでの仏教関係の塑像と壁画のほとんどが破壊されてしまいました。仏教寺院四千六百余が壊され、僧尼二十六万五百人が還俗させられたといいます。

そして尉遅父子の出身である古代ホータン王国は、一〇〇六年、カシュガルに興ったイスラム王国であるカラハン王朝（九～十三世紀。トルコ系遊牧民族）との争いで滅びてしまいました。三十年戦争ともいわれる長い闘いの末の敗北で、寺院も塑像も壁画も戦火で失われました。以来、これぞ尉遅派といえる作品は、中国・中原にも、誕生の地・ホータン王国にも何一つ存在しないとされ、模写がわずかに残るのみでした。

発見された幻の壁画

尉遅派の画家自身の作品ではありませんが、その影響を受け、「屈鉄線」（鉄線描）で描かれている作品もあります。

会昌の廃仏を免れた、敦煌の莫高窟《ばっこうくつ》（仏教遺跡。四〜十四世紀にかけて石窟内に残された塑像・壁画が多数保存されている。↓終章）にもその姿を見ることができます。敦煌は七八一年から八四八年まで、およそ六十年間、チベット系民族・吐蕃の支配下にありました。吐蕃時代は、唐王朝の権威も、敦煌までは届きませんでした。それによって難を逃れたのです。最近の研究によって、特に唐の時代初期の敦煌莫高窟の壁画に、思いのほか多くの仏や菩薩が、「屈鉄線」で描かれていることが判ってきました。

また、我が国の奈良・法隆寺の金堂壁画の線描も、屈鉄線の影響を強く受けたものの一つです。描かれたのは七世紀半ばから八世紀の初め頃で、唐の時代の初期にあたります。法隆寺の金堂壁画では「阿弥陀説法図」が有名ですが、観音菩薩をはじめ、仏や菩薩の顔はいかにも異国の神々の風貌です。

敦煌莫高窟と法隆寺の共通点については、日本と中国の多くの研究者が指摘しています。敦煌研究院の樊錦詩《はんきんし》名誉院長は、莫高窟第三三二窟東壁の「阿弥陀説法図」と、法隆寺の「阿弥陀説法図」の構図上の類似性を指摘し、また莫高窟第五七窟（通称・美人窟）の北壁に描かれた飛天と、法隆寺の飛天の共通性、姿かたち、動作だけでなく、全体からかもし出される優雅さについても言及しています。

法隆寺の金堂壁画を模写した経験のある日本画家の平山郁夫画伯も、敦煌訪問十二回目の頃、莫高窟第二二〇窟の東壁をスケッチしていた時、不意に感動に襲われたといいます。東壁に描かれた仏や菩薩の優雅な指先をスケッチしていると、それがかつて模写をした法隆寺金堂壁画のそれとそっくりなことに驚いたのです。そして「これは間違いなく法隆寺の源流だ」と気付いた。その瞬間、平山画伯は、余りの感動に涙を禁じえなかったそうです。画伯はこう綴っています。

「日本から遣唐使節が長安の都を訪ねた時、きっと法隆寺金堂壁画の課題をもって、画工も使節に加わったことであろう。長安の工房で、それぞれ、下図を研究したものが、西の敦煌へ、東の奈良へと分かれたのだろうと。年代的にも記録上、最も接近しているし、造形の原理が一致していると思った。

（『精選敦煌石窟』平山郁夫著、季刊『銀花』一二七号）

古代ホータン王国から始まる「屈鉄線」の広がりは、敦煌、長安を経て、奈良・法隆寺へと、長い長い仏教美術東漸の流れをはっきりみせてくれます。

そして二〇〇四年の第二次日中共同調査により、ホータンのオアシス都市だったトプラクトンの遺跡と、ダンダン・ウィリク遺跡から、それぞれ壁画が見つかりました。尉遅乙僧の画風を思わせる、尉遅派の壁画そのものともいえる壁画で、二〇〇五年のNHKスペシャル『新シルクロード　第四集　タクラマカン　西域のモナリザ』でも紹介されました。

本物という根拠

トプラクトンの遺跡とダンダン・ウィリク遺跡、この二つの遺跡から発見された壁画を、まさしく尉遅派の作品と断定しえたのは、どのような根拠だったのでしょうか。

　トプラクトン遺跡は、ホータンの町から東へ九十キロ、新疆ウイグル自治区策勒《チラ》県達瑪溝《ドモコ》村からさらに東南へ七キロ、地元ウイグルの人々がトプラクトンと呼ぶ、葦とタマリスク（檉柳《ぎょりゅう》）の繁る風化土堆群の中にあります。

　風化土堆とは、砂漠周辺でよく吹く強い風にも吹き飛ばされなかった、大地の固いところだけでできた、高さ数メートルの丘です。この丘の上には、タマリスクやラクダ草、あるいは葦などの植物が生えていて、地下水系を求めて、その根を伸ばしており、長いものは五、六メートルにもなるといいます。風に吹き飛ばされない秘密は、水を求めて成長した逞しいこの根にあるのです。

　遺跡のあるトプラクトンは、遠くから見ると、小さな小石だらけの砂漠に、島々が浮かんでいるかのような光景です。島のようにみえる一つ一つの小高い丘である土堆の上には、葦やタマリスクが生え、一帯が地下水に恵まれていることが判ります。かつてここに人々がにぎわうオアシスがあったとしても、不思議ではありません。

　現在、このトプラクトン地帯は羊の格好の放牧地になっています。事実、二〇〇二年に一人の牧童が、一本の柱のようなものが土中から出ていることに気付いたのが、遺跡の発見へと繋がりました。

　その後行われた発掘調査隊の隊長は、中国社会科学院の巫《ふ》新華《しんか》教授でした。遺跡は、南北二・二五メートル、東西二メートル、南向きに建てられた、ほぼ正方形の小さな寺院で、周囲は漆喰塗りの壁でかこまれ、南側に一か所だけ出入口がありました。

　寺院内の中央に須弥座《しゅみざ》があり、その上の蓮台に結跏趺坐《けっかふざ》した一体の仏像がありました。いかにも五、六世紀の後期ガンダーラ風の趣です。残念なことに頭部はすべて失われていましたが、内部の四面の壁には、保存状態の良い壁画が残されていました。おそらく礼拝等のための小仏寺《しょうぶつじ》であることを確認して、巫教授は埋め戻したといいます。保存場所が確保できない場合、そうするのが最善の保存方法だからです。

　ところが二〇〇四年、遺跡周辺の地下水系の水位が高くなり、このまま放置すると損壊、損傷するおそれが出てきました。巫教授は再び遺跡を掘り起こし、調査をした後、保存の仕方を考えた結果、現在では遺跡発掘現場のまわりに小さな博物館が建設され、そこで壁画等が展示されています。

巫教授はこの遺跡の名前を「トプラクトン仏寺」と名付けましたが、地元の人たちは愛称の「小仏寺」と呼んでいるようです。

発見当時、地元紙には、

「ホータンの北東四十キロにあるラワク寺院（四、五世紀に建立された、古代ホータン王国の王家の菩提寺とされる）に似ている。壁画は于田《うでん》県の北二百二十キロにあるカラドン寺院遺跡（三、四世紀に建立された、西域最古の寺院遺跡の一つ）に似ている。この小仏寺遺跡の建造は、五～六世紀であろう」

と語っていた巫教授でしたが、二〇〇五年放送の『新シルクロード　第四集　タクラマカン　西域のモナリザ』のインタビューでは、さらに踏み込んで発言しています。


これ【壁画】は、唐の時代、広く中国に影響を与えた尉遅派の作品に間違いありません。風格、明暗の付け方、人体表現、そして線の描き方、すべてがそれをあらわしています。これは仏教美術史の貴重かつ最高の発見です。時代は、線描が若干形式的になっていることを考えると、絶頂期を過ぎた七世紀終わりから八世紀ぐらいのもので一はないでしょうか。（『NHKスペシャル　新シルクロード　2　草原の道　タクラマカン』）

尉遅派の画家の作品だと巫教授は断定したのです。

　このトプラクトン仏寺の発掘が終わった二〇〇六年、西へ七十メートルほどの一帯に、陶片、壁からはがれた壁画の断片、木版画の一部分などが散乱しているのが発見されました。中国社会科学院考古学研究所新疆隊は、ここに南北およそ十六メートル、東西およそ十五メートルの寺院を発見しました。ここにも尉遅派の画家たちが、屈鉄線による見事な作品を残していました。この遺跡はトプラクトン仏寺二号遺跡と命名されました。

　巫教授は、これまでの調査では、この遺跡から西方五百メートルほどのところにある達瑪溝《ドモコ》河の旧河床に沿って、北のダンダン・ウィリク遺跡までおよそ九十キロにわたり、いくつもの場所で、壁画の残片が散乱している光景を見たといいます。

　そして、達瑪溝河に沿って北へ数十キロ、大小さまざまな寺院が点々とつながり、その壁面は尉遅派の絵師によって荘厳《しょうごん》されており、あたかも砂漠の中の大画廊のごとき観を呈していたのではという仮説をたてるに至りました。

西域のモナ・リザ発見

一八九六年、ヘディンがホータンの北東百六十キロの地点で探し当てたのが、ダンダン・ウィリクの遺跡です。

ヘディンはこの遺跡を、砂漠に呑み込まれた伝説の巨大王国「タクラマカン」と記しています。ダンダン・ウィリクと名付けたのは、その後にヘディンの記録をもとに到達した、イギリスの探検家のスタインでした。従者たちが主張した名称で、ホータン語で「象牙のある家」という意味でした（→第三・四章）。以後、この遺跡は再び砂丘の下に埋もれて、なかなか姿を現しませんでしたが、一九九七年一月、新疆文物考古研究所のスタッフが、タクラマカン砂漠の石油探査に同行した際、偶然にも砂から露出していた遺跡の一部を発見したのです。

新疆文物考古研究所と日本の佛教大学で、ダンダン・ウィリクに関する日中共同考査研究班が結成されました。石油探査報告書にもとづき、遺跡の位置を確認した研究班は、二〇〇二年十月にダンダン・ウィリクに向かいました。幸運にもその際に、壁画の残片を発見したのです。見た瞬間、あまりの見事さに息をのんだといいます。

『NHKスペシャル』の放送で「西域のモナリザ」と紹介された壁画は、鉄線のように強い輪郭線で描かれた如来像でした。丸顔ですが、どこかエキゾチックな風貌で、両方の瞳を思いきり左隅に寄せて微笑む魅力的な眼差し――研究班は、間違いなく尉遅派の作品と思ったようです。ＮＨＫの担当ディレクター・中島木祖也氏も取材記の中でこう書いています。

斜に構えた姿勢。どこか遠くを見ているような眼差し。その目尻は鋭く流れている。そして、魅惑的な微笑み。慈しみの表情の中に、妖艶さも兼ね備えていた。それは中原にはない、エキゾチックな趣をたたえている。そして慈しみ溢れるその表情を際立たせているのが、一〇〇〇年前のシルクロード・ホータンの絵師の手によって編み出された、独特な筆使いだった。太さの一定した、息苦しいまでの力強い輪郭線である。この筆使いこそ、これまですべて失われたと考えられ、幻といわれてきた六、七世紀のホータン王国絶頂期のものだったのである。

（前掲書）

バーミヤンから法隆寺まで

「西域のモナ・リザ」は、六、七世紀の制作だろうとされています。

そして「騎馬民族エフタルの婦人像」という壁画があります（『東西交渉の考古学』岡崎敬著）。エフタルは五、六世紀に中央アジアにいたといわれる謎の多い騎馬民族で、壁画はウズベキスタン南部、アム河を挟んでアフガニスタンと接する国境の町、テルムズから北東十五キロのところにあるバラルイク・テペという、エフタルの礼拝堂と思われる遺跡から発掘されました。

この壁画の婦人と、ダンダン・ウィリクで発見された「西域のモナ・リザ」が、画法も画風も、まことに瓜二つのように私には思えるのです。

翻って、ヒンドゥークシュ山中のバーミヤンの壁画の在りし日の姿も思い出されます。タリバンによって破壊された二体の大仏（東大仏、西大仏）のうち、西大仏の天井画にあった二体の飛天は、画法・画風とも尉遅派の作品と、美術史上同じような位置にあるのではないか。仏教美術研究の第一人者、宮治昭・名古屋大学名誉教授も、バーミヤンの壁画を称して、法隆寺金堂壁画の源流としています。おそらく私と同じように「屈鉄線」や「鉄線描」をイメージされているのでしょう。

美術史上、画期的な画法だった「屈鉄線」「鉄線描」を通して、シルクロードにおける古代文明の交流をみると、古代ホータン王国を中心に、バーミヤンも敦煌、長安、洛陽、そして我が国の法隆寺も、東西文化交流という、実に長い一本の道の上でつながっている——そう思えるのです。

終章　シルクロードはなぜ閉じられたのか——捨てられた敦煌

発見された敦煌文書

数年前に行われたNHKの調査によれば、私たち日本人にとって、最も人気のあるシルクロードの絶景は、砂漠の中の大画廊、仏教美術の宝庫といわれる、敦煌莫高窟《とんこうばっこうくつ》でした。オアシス都市である敦煌市郊外の鳴沙《めいさ》山の断崖に、二層から三層にわたって穿《うが》たれた石窟寺院です。南北千六百メートルの崖に造られた洞窟は六百余、中には多くの壁画や仏の塑像などがおさめられており、ユネスコの世界遺産にも選ばれています。

その莫高窟がある敦煌ですが、十六世紀前半、当時の中国・明王朝により、国境の外に放置されると、そのままさびれた一地方都市となっていきました。シルクロードにおいて重要な拠点であったはずの敦煌に、一体何が起きたのでしょうか。

敦煌・莫高窟

一九〇〇年、敦煌莫高窟・第一六窟の壁が、ゴーンという轟音と共に崩落しました。その中から、後に〝謎の蔵経洞〟と呼ばれる「耳洞」（壁に穴を開け〝耳〟のような形になった石窟）が現れたのです。そこには五万点にも及ぶ書画・経典類がうずたかく積みこまれていました。後に世界的大発見と騒がれた、莫高窟・第一七窟の出現でした。

その噂を耳にしたイギリスの探検家・スタインが、タクラマカン砂漠を越えて、発見者で住職を兼ねていた道士・王円籙《おうえんろく》のもとにやってきたのが一九〇七年のこと。スタインは、数回にわたる王円籙との交渉の末に、馬蹄銀《ばていぎん》数枚という破格の安値で、一万点もの書画・経典を手に入れました。

スタインが敦煌を訪れた時、石窟寺院の一層目は、鳴沙山から降り注ぐ砂で半分ほど埋もれた状態でした。二層目の石窟入口には扉もなく、仏像も壁画もむき出しで、荒廃というよりも、著しく破壊された状況であったといっても過言ではありません。

なぜそれほどまでに破壊が進んでしまったのかといえば、明王朝時代の半ば、一五一六年に、敦煌はトルファンのイスラム勢力に攻められて敗北し、その後は無管理状態に陥っていたからでした。

明の次の王朝である清の時代に完成した『敦煌県志』は、

「仏像は、しばしば破壊にあい、龕《がん》（石窟）は沙の埋もれるところとなった」

と記しています。

このような破壊、荒廃について、敦煌研究で知られる成城大学名誉教授の東山健吾氏は著書『敦煌三大石窟』の中で、

「明代の敦煌については、これよりほか知るべくはない。ただ明代は仏教が栄えたため、全国各地で重修されるものが多く、内地の寺院は明の仏像一色という状況になっている。もし、明の沙州衛《さしゅうえい》が健在であったなら、敦煌の石窟もまた別の様相を呈していたに違いない」

と述べています。沙州衛とは沙州、すなわち敦煌に設置された明代の軍事衛所のことですが、一五一六年にこの沙州衛は万里の長城の最西端、嘉峪関《かよくかん》の砦の東に退いてしまいました。

仏教が栄えた明王朝時代に、敦煌・莫高窟の仏像はしばしば破壊にあいました。一体なぜ、明王朝は、敦煌というシルクロード随一の要衝の地を、仏教美術の宝庫であり、現在は世界遺産にもなっている敦煌莫高窟を、全く守ろうとしなかったのでしょうか。

カラ・ホト遺跡の発見

明王朝の前の王朝は、モンゴル帝国の第五代皇帝フビライ・ハン（在位一二六〇～一二九四年）による元王朝（一二七一～一三六八年）です。都は大都、後の北京でした。元王朝は十四世紀に入っても、遊牧・狩猟民族社会の論理で農耕社会の中国を支配しようとしたため、失政が相次ぎました。加えて王朝の内部抗争も続いていました。

一方、反元勢力、反モンゴル勢力の紅巾の賊が、各地で争乱を起こし、その勢いを強めていました。

一三六八年、一時は紅巾の賊に身を投じたこともある、淮河《わいが》流域の農村に生まれ育った貧農出身の朱元璋（しゅげんしょう）が、長江の中・下流域を統一して、北伐の指令を発しました。大都（北京）を都とする元王朝（モンゴル王朝）を今こそ討つべし、と檄を飛ばして決起を促したのです。その結果、元王朝は、北のモンゴル高原へと追いやられ、明王朝が建てられました。朱元璋は明の初代皇帝、太祖・洪武帝（在位一三六八〜一三九八年）となります。

その年の春正月、朱元璋は群臣が唱える万歳の中で帝位に就きました。その領土はモンゴル帝国を継承したこともあって、漢王朝、唐王朝にも負けない広大なものとなりました。北は満州南部、モンゴリア、西は甘粛、雲南、南は広東、広西です（『物語 中国の歴史──文明史的序説』寺田隆信著）。

この甘粛が、今も甘粛省として、敦煌市を含んでいます。

そして明王朝の建国から四年後、敦煌から東へ百二十キロのところに嘉峪関が築城されたと、明の正史『明太祖実録』にはあります。敦煌の西、百キロ以内に玉門関、陽関の二つの砦があるのに、その手前の中国側の領土内に嘉峪関が築城されたのです。

甘粛省には、敦煌から東へ六百キロのところに、オアシス都市・酒泉もあります。現在、中国が打ち上げる衛星やロケットの殆どが、この酒泉から北へ数百キロの酒泉衛星発射センターから打ち上げられています。ここは昔から、北のモンゴル高原と中国・中原とを結ぶ重要な南北道です。

この酒泉の北三百七十キロ、砂漠地帯の真ん中に、城壁に囲まれた一つの大きな遺跡があります。二十世紀はじめ、ロシアの探検家・コズロフが発見したカラ・ホト遺跡です。西夏（一〇三八～一二二七年。タングート系王朝。モンゴルによって滅亡）時代とモンゴル時代、およそ四百年にわたって、この地域の重要な交易拠点となった城郭都市でした。ここから北へ千数百キロ直進すると、モンゴル大帝国時代の都・カラコルムに至ります。モンゴルにとっては、中国・中原に出るにも、東西交易のためにも、カラ・ホトは極めて重要な拠点でした（二十一頁地図）。

明とモンゴルの攻防戦――堰き止められた水路

『明太祖実録』によれば、明王朝の時代、明とモンゴルの攻防の火蓋は、砂漠の中の城郭都市、カラ・ホトの争奪から切られました。一三七二年、明王朝の建国から四年後のことでした。

当時、明の都が華南の南京にあったこともあり、モンゴル軍は全軍が大都（北京）からモンゴル高原へと去ったわけではありませんでした。華北の各地に散らばった残党が力を持っていたのです。洪武帝は、それらモンゴル軍の残党を一掃するために、軍を三方面に分け、出陣させました。

一番西方の軍は、甘粛軍でした。この軍の総司令官は常勝将軍の異名をとる馮勝将軍で、洪武帝にとっては、朱元璋時代からの子飼いの武将でした。馮勝将軍の特徴は、大胆さと優れた知略にありました（『明史』「馮勝伝」）。

戦いの初期、馮将軍は、神出鬼没のモンゴル軍に苦戦を強いられました。しかし、やがてモンゴル軍の敗色が濃くなっていきました。カラ・ホト城内、女性から子供に至るまで、誰もが最期の近いことを感じ始めたといいます。掘っても掘っても、城内の井戸から一滴の水も出てこなくなったからです。城の周囲は乾燥地帯の砂漠のような大地ですから、城内の井戸の水が干上がればおしまいです。

戦略家の馮将軍は、城郭都市、カラ・ホトに引かれた水路に堰を造り、城内への生活水を止めてしまったのです。

こうして一三七二年、カラ・ホトでのモンゴル軍との開戦の年に、馮将軍は勝利をおさめました。しかしその後、西夏時代からモンゴル時代まで、東西交流の拠点として四百年もの歴史を刻んだ城郭都市カラ・ホトは、砂に埋もれていったのです。

ゴビ砂漠に囲まれ、砂に覆われた大地にとって、河川がもたらす水がいかに大切なものか。それは城郭都市カラ・ホトにとっても例外ではありませんでした。


酒泉は、河西回廊の中央にあって、古来、東西交易の拠点として栄えてきました。その酒泉の西、祁連山脈の雪解け水を集めて深い峡谷を流れていくのが、周辺を潤す北大河です。北大河は酒泉の少し手前で、大きく北へと流れを変え、北進します。また酒泉を過ぎて間もなく、東から流れ込む張掖河と合流し、エチナ河、或いは黒水河とその名を変えます。この合流した大河・黒水河がカラ・ホト方向へと北流します。

エチナ河のエチナとは、タングート系（西夏）の言葉で、「黒い水」です。つまり黒水河と同じ意味なのです。ちなみにカラ・ホトはモンゴル系の言語で、カラは「黒い」、ホトは「域」（街）の意味です。

今世紀に入ってから、酒泉から北へ二百八十キロ程の地点の黒水河に、東方向へ流れ出る、幅二メートル程の人工水路の跡が発見されました。城郭都市カラ・ホトへ向かう人工の水路跡でした。馮勝将軍が堰を造った、あの水路だったのかもしれません。

『東方見聞録』に記されたカラ・ホト

カラ・ホトに関連して、もう一つ見逃せないのは、マルコ・ポーロの『東方見聞録』の記述です。十三世紀の中国・元王朝の都・大都（北京）を訪れたヴェネツィアの商人、マルコ・ポーロは、東西交易におけるカラ・ホトの役割を的確に捉え、次のように述べています。

カンプチュー【現在の張掖】の町をたって北方に向け十二日間の騎行を続けると、砂漠の縁辺に位置するエチナ市【カラ・ホト】に着く。（中略）このエチナ市をたって、北方に騎行すること四十日間というものは【目的地のモンゴルの都・カラコルムまで】全行程すべて砂漠で、人煙は杜絶し宿駅の設備も存しないから、旅行者はどうあってもこの町で四十日分の食糧を調達しておかねばならない。

（『東方見聞録』愛宕松男訳注）

ここでいう「北への騎行」とは、ラクダでの騎行ということです。残念ながらマルコ自身は、カラ・ホトにも、カラコルムにも行っていません。酒泉か張掖で聞いた話なのでしょうが、四十日分の食料がカラ・ホトでしか調達できないというのですから、カラ・ホトがいかに重要な中継点であり、隔絶した都市であったかがよくわかります。

ところで、苦戦を重ねて、堰を築くという大工事までして、やっと手に入れたカラ・ホトを、勝利をおさめたその年に馮勝将軍は手放すことになりました。敗れたはずのモンゴル軍が、再び勢いづいてきたからです。

神出鬼没で余りにも厄介なモンゴル軍に手を焼き、さすがの馮勝も、軍を後退させざるをえませんでした。やむを得ず三百キロほど南、万里の長城の内側まで前線を引き下げたのです。そして酒泉の西数十キロの地点に砦を築城しました。それが万里の長城最大の砦、嘉峪関です（『明太祖実録』）。

馮勝将軍が次に取り組んだのは、モンゴル軍におよそ百五十年前に占領された、沙州《さしゅう》（現・敦煌）と瓜州《かしゅう》（前・安西）を奪還することでした。翌一三七三年、沙州と瓜州を攻めた馮勝軍は、モンゴル軍を破り、河西回廊最西端の要衝の奪還に成功しました。こうしてその後三十年ほどは、仏教の庇護に熱心だった明王朝の支配下に入ったため、仏教美術の宝庫である敦煌莫高窟には平穏な時が流れました。

宦官・鄭和の大航海が切り開いた海のシルクロード

大きな変化が起きたのは、一四〇二年のことです。第三代皇帝・永楽帝（在位一四〇二～一四二四年）が即位しました。明王朝十七代の皇帝史の中で一、二を争う名君、前漢王朝・武帝と並び、「雄才大略の人物」、稀にみる優れた才能と知略を持った人物と称せられた皇帝でした。

永楽帝による、世界史的な行動は二つあげられます。

一つは、モンゴル帝国の勢力を排除するため、皇帝自ら大軍を率いて、実に五回にもわたり出陣したことです。亡くなったのも、五回目の遠征の帰路のことでした。

もう一つは、一四〇五年、宦官の鄭和《ていわ》（一三七一～一四三四年）に命じて、一四三三年までの二十八年間、計七回にわたる、インド洋からアフリカ東岸に達する大航海を達成させたことです。

ヨーロッパにおける大航海時代を切り開いた、ヴァスコ・ダ・ガマより九十年も前になされた大事業でした。その航海は、排水量八千トンの大型船・西洋取宝船を中心に、六十数隻の編成で毎回行われ、参加したクルーの延べ人数は二万数千人に及んだといいます。世界史的にみれば、時代が陸のシルクロードから、海のシルクロードへと移行し始めたことを象徴する画期的な大事業で、鄭和の「西洋下り」と呼ばれました。

陸のシルクロードにおけるラクダのキャラバン隊と比較すると、船での運搬は速くて大量に運べたため、中国からヨーロッパにもたらされる物産にも大きな変化が生じました。シルク（絹）だけでなく、重くて壊れやすいチャイナ（陶磁器）が加わったのです。

このような世界史的大転換の中で、西域経営に影響が生じないはずはありません。中でも陸のシルクロードの要衝、河西回廊の最西端の拠点・敦煌は大きな影響を受けました。簡単な年表でその変化を追ってみたいと思います。

一四二一年	永楽帝が元の都・北京に遷都する。
一四三三年	鄭和の大航海が終わる。
一四四七年	敦煌の軍事体制・沙州衛が廃止される。軍事施設は嘉峪関の東へ移設。
一四四九年	モンゴル軍の反撃に第六代皇帝・英宗が出陣し捕虜となる。国家百年の計――万里の長城再構築が始まる。

一五一六年	敦煌がトルファンのイスラム勢力に陥落する。住民の半分である一万人が嘉峪関の東へ移住する。敦煌が無管理状態に陥る。
一五二四年	万里の長城・東の山海関から西の嘉峪関まで再構築完了。嘉峪関の西門が閉じられる。敦煌は関外に孤立し放棄された。

このあたりが、事実上の陸のシルクロードの終わりと言えましょう。海のシルクロードが切り開かれた後となっては、度重なるモンゴル軍、そしてイスラムの侵攻にさらされる陸のシルクロードを死守する意味合いは薄れていったのです。こうして放棄された敦煌が、再び管理されるようになったのは、二百年後の清王朝になってからのことでした。管理されたといっても、もはや昔日の面影は望むべくもありません。陸のシルクロードは、すっかり海のそれへと取って代わられていたからです。

一七二五年	清王朝が敦煌に沙州衛を設置し、無管理状態が終わる。
一七二六年	敦煌へ甘州《かんしゅう》から一万人が移住。
一九〇〇年	五万点の敦煌文書・書画・経典などが発見される。

一九〇七年〜一九一四年	英スタイン、仏ペリオ、日・大谷探検隊、露オルデンブルグなどが文書を持ち出す。
一九〇九年	十一月十二日　東京・大阪の朝日新聞「敦煌文書発見」「千年の古書巻十余箱、悉く仏国人などに持去られる」（国内で初めての敦煌文書報道）

（『敦煌三大石窟』東山健吾著などより抜粋）

こうしてひっそりと眠り続けていた敦煌文書が発見され、そして国外へと流出した経緯はご紹介した通りです。

敦煌文書に関して、我が国で初めて報じられたのは、この一九〇九年のことでした。この新聞記事は当時の学界に一大センセーションをまき起こしました（『敦煌学五十年』神田喜一郎著）。多くの人々の、敦煌への興味と関心に火をつけたのです。

これがいわば我が国における、第一次敦煌ブーム、第一次シルクロード・ブームの引き金となり、今なお続くシルクロード・ブームの下地となったと言えましょう。

シルクロードの中でも敦煌の人気は現在も高く、多くの人が訪れています。また、敦煌学と呼ばれ、各国の研究者たちが今もその文書を研究し続けていますが、なぜ五万点にも及ぶ文書が壁の中に隠されていたのか、誰が、いつ、なぜそうしたのかについては、実は現在も判っていません。

遥かなるシルクロード。その謎の多くは、今なお砂の中に埋もれたまま、静かに眠り続けているのです。

作家の井上靖氏は取材記の中で、シルクロードの謎を解くためには、「更に多くのヘディンやスタインが必要である」と述べています。蓋《けだ》し名言です。古代シルクロードの遺跡が、それまでの間に破壊が進みませんように――そう、祈るばかりです。

おわりに

それは、何とも不可思議な出会いでした。八十歳になったばかりの或る日、いつものように青山のカルチャー教室での講座が終わると、担当マネージャーから、新潮社の方がフロントでお待ちです、と促されました。

「シルクロードの本を出しませんか」

名刺交換のあとの最初の挨拶でした。初対面でしたので、些《いささ》か動揺を禁じえず、名刺を拝見すると、「新潮新書」編集部・松倉裕子さんとありました。

毎日がシルクロード漬けの私を見て、友人たちは、「本でも書いたらどうかね」と言います。その度に、「八十歳になったらね」と応じていました。さしたる自信があった訳ではありません。強いて申し上げれば理由は二つです。

一つは、週一回のラジオ三十分番組「カルチャーラジオ」の六か月分のテキスト『シルクロード10の謎』を書いているし、NHK退職後の仕事として、大学講師とカルチャー教室講師とを合わせると二十年間は、シルクロードを研究しているし、恐らく、何処かで、誰かが見てくれているだろう。こんな程度のなんともだらしの無い自信です。

もう一つは、人生百年時代と言われる今、八十歳になったら、更に、シルクロードと仏教の研究に没頭してみよう。そして、気が付いて我に返ったら百歳！　出来るなら、そんな生き方で終わりたい！　八十歳になったら、その決意表明をしよう。そのためにも、本を書こう、私のたんなる願望なのです。

冒頭の、何とも〝不可思議な出会い〟とは、このような背景があり、それにピッタリな事が起ころうとしていたからでした。

従って、編集者・松倉さんがいなければ、この書は世に出なかった。その意味で、改めて、深甚なる敬意と感謝を表したいと思います。

考えてみると、実に多くの方々に支えられて、この書はデビューすることが出来ました。なかでも、シルクロード研究者を目指した私の背中を、強く押して頂いた三人の

〝師〟のような方々――作家の童門冬二さん、既に故人となられた民族学、考古学の第一人者・加藤九祚《きゅうぞう》さん、そして、敦煌学、仏教美術の権威・東山健吾さんには、この紙面をお借りし、お名前を記して感謝の気持ちをお伝えしたいと思います。最後になりますが、この二十年、旅に講座に、シルクロードをこよなく愛し、今回も集まり相談にのってくれるなど、いつも私を支えてくれる四人の友人、黒田晃生さん、河村郁雄さん、大岡勝一さん、木場紀之さんには、心から謝意を表したいと思います。

それにしても、またいつの日か、シルクロードを自由に旅することのできる時がくることを、そして、何よりも読者の皆様方のご健康を願いながら、筆をおくことに致します。

二〇二一年四月　中村清次

※本書は、ＮＨＫカルチャーラジオ　歴史再発見テキスト『シルクロード 10の謎』『続・シルクロード 10の謎』に、大幅な加筆・改稿を加えたものです。

地図・年表製作　松永レイ

中村清次　1939(昭和14)年東京生まれ。62年、東京大学文学部西洋史学科卒業。NHKに入局し、79～81年の「シルクロード」取材班団長を務める。現在、NHK文化センター講師。

Ⓢ新潮新書

905

シルクロード
流《りゅう》沙《さ》に消《き》えた西域三十六《さいいきさんじゅうろっ》か国《こく》

著　者　中村清次《なかむらせいじ》

2021年5月20日　発行

発行者　佐　藤　隆　信

発行所　株式会社 新潮社

〒162-8711　東京都新宿区矢来町71番地
編集部(03)3266-5430　読者係(03)3266-5111
https://www.shinchosha.co.jp
装幀　新潮社装幀室

印刷所　株式会社光邦

製本所　株式会社大進堂

ISBN978-4-10-610905-8 C0222

価格はカバーに表示してあります。